# 复杂网络下不确定舆情与行动交互演化模型研究

/

Research on interactive evolution model of uncertain
opinion and action in complex networks

詹 敏 著

重庆大学出版社

## 内容提要

本书深入、系统地介绍了社会网络不确定舆情演化模型、不确定舆情与离散行动交互演化模型等多种网络舆情相关理论的基本内容和取得的一些创新性研究成果。

本书共分为 6 章,第 1 章主要介绍网络舆情背景及国内外舆情相关研究的基本知识。第 2—3 章主要介绍社会网络不确定 DeGroot 舆情演化模型、社会网络不确定 HK 舆情演化模型以及两种模型的相关理论和数值分析。第 4—5 章主要介绍基于意见领袖的偏好与行动交互演化模型、基于边界信任的社会网络下不确定舆情与离散行动演化模型,并调查了不确定舆情与离散行动的演化规律。第 6 章主要介绍本书完成的主要工作以及取得的创新性成果,并就未来社会网络下不确定舆情演化的研究提出展望。

**图书在版编目(CIP)数据**

复杂网络下不确定舆情与行动交互演化模型研究 /
詹敏著. -- 重庆 : 重庆大学出版社,2024. 10.
ISBN 978-7-5689-4859-3

Ⅰ. G206.2

中国国家版本馆 CIP 数据核字第 2024AG1045 号

**复杂网络下不确定舆情与行动交互演化模型研究**

FUZA WANGLUO XIA BUQUEDING YUQING YU XINGDONG JIAOHU
YANHUA MOXING YANJIU

詹 敏 著

策划编辑:秦旖旎

责任编辑:杨育彪    版式设计:秦旖旎
责任校对:刘志刚    责任印制:张 策

\*

重庆大学出版社出版发行
出版人:陈晓阳
社址:重庆市沙坪坝区大学城西路 21 号
邮编:401331
电话:(023) 88617190  88617185(中小学)
传真:(023) 88617186  88617166
网址:http://www.cqup.com.cn
邮箱:fxk@cqup.com.cn(营销中心)
全国新华书店经销
重庆升光电力印务有限公司印刷

\*

开本:720mm×1020mm  1/16  印张:11  字数:155 千
2024 年 10 月第 1 版   2024 年 10 月第 1 次印刷
ISBN 978-7-5689-4859-3  定价:88.00 元

# ※※※作者简介※※※

詹敏(1988—),男,四川大学管理学博士,湘江实验室与中南大学联合培养博士后,副教授,博士研究生导师,湖南省芙蓉计划湖湘青年英才("荷尖"人才),湖南工商大学数字媒体工程与人文学院副院长。

负责科技部国家重点研发计划项目课题子任务 1 项、湘江实验室重大项目子课题 1 项、湘江实验室重点项目子任务 1 项,主持国家自然科学基金青年项目 1 项、中国博士后科学基金面上项目 1 项、湖南省自然科学基金青年项目 1 项、湖南省教育厅重点项目及青年项目各 1 项,参与国家自然科学基金基础科学中心项目 1 项、国家自然科学基金重大项目 3 项、科技部国家重点研发项目 2 项、中国工程院重大咨询项目 2 项等。

在 *IEEE Transactionson Cybernetics*、*IEEE Transactionson Fuzzy Systems*、*IEEE Transactionson Systems*,*Man*,*and Cybernetics*:*Systems*、*IEEE Transactions on Computational Social Systems*、*Information Fusion*、*Information Sciences*、《中国管理科学》《工程管理科技前沿(原《预测》)》等期刊发表论文 20 余篇,授权专利及软著 10 余项,当选中国优选法统筹法与经济数学研究会网络科学分会理事。

# 前　言

　　舆情是在一定的时空范围内,多方社会主体面对事件的发生、发展和变化持有的社会态度、偏好和情绪,它是较多群众针对某些问题或事件所表达的意见和情绪的总和。近年来,随着网络技术的飞速发展,方便、快捷、低成本的互联网为普通民众提供了更多的言论空间和话语平台。人们在互联网上获取信息、发表言论、交流意见,使得网络逐渐成为舆情产生与演化的主阵地,由此形成了网络舆情。网络舆情的主体是社会公众,客体是热点性社会事件,而公众对热点事件所表达的意见则是舆情的本体,社会网络平台是舆情传播的主要媒介。随着舆情管理的重要性日益凸显,这一领域引起了学者们的广泛关注,成为现代舆情治理工作中一个既具有深刻理论意义又有广泛应用前景的研究方向。

　　舆情动力学(Opinion Dynamic),是一门与舆情管理紧密相关的学科。最早起源于法国,French 于 1956 年提出了社会权利(Social power)模型,并指出群体交互是影响社会认同的一个重要因素。舆情动力学主要是基于理论建模和实验仿真来研究群体意见形成共识、极化或分裂的演化过程。舆情动力学模型一经提出,便激起了管理学、社会心理学、系统科学、物理学等多个学科研究人员的研究热情。同时,一些带有不同意见格式和融合规则的有趣的舆情动力学模型相继被提出,如 DeGroot 模型、投票(Voter)模型、Sznajd 模型、多数规则(Majority rule)模型、自我认同(FJ)模型、边界信任(Bounded confidence model)模型(如 DW 模型和 HK 模型)和连续意见离散行动(CODA)模型。

　　不确定舆情是指当人们遇到复杂问题或事件时,他们往往不能够表达精确意见,而是表达不确定意见,如数值区间意见,并且不确定意见往往在一个社会网络上进行演化导致不确定舆情的出现。由于个体之间文化背景和性格特征的不同,人们在面对不确定意见时常常表现出不同的不确定容忍。为了简化,我们将个体分为两类:不确定容忍个体和精确偏好个体。不确定容忍个体既可与精确意见进行直接交流,又可与不确定意见直接进行交流;而精确偏好个体则只喜欢与精确意见进行交流。因此,当面对不确定意见时,精确偏好个体将根据不确定意见的概念提供一个精确估计,在不确定舆情研究中尤其重要。

在现实的网络舆情中,舆情的产生大多由线下问题延伸到线上网络,民众的意见开始在社会网络上进行演化,从而形成网络舆情。同时,线上的舆情又反过来影响着线下民众的行动,由此产生线上的网络舆情与线下行为联动的舆情事件。在舆情的演化过程中,每个个体都有一个连续意见和离散行动。人与人之间的交流在一个社会网络上,只有有网络连边的个体之间才能够进行意见的交流,从而获得其他个体的意见来更新他们自身的意见;若网络上的个体之间没有连接,那么他们则无法获得其他个体的意见,但是他们可以通过观察其他个体的行动来更新他们自身的意见。关于网络舆情意见和行动相关的研究方法在不断涌现。

本书共分为 6 章。第 1 章主要介绍网络舆情背景以及经典舆情演化模型及其拓展和应用,并由此提出本书的整体框架。第 2 章主要介绍社会网络有向图及 DeGroot 模型的基本概念,同时提出社会网络不确定 DeGroot 舆情演化(SNUDG)模型,并阐述 SNUDG 模型的基本理论。第 3 章主要介绍社会网络不确定 HK 舆情演化(SNUHK)模型和社会网络结构对不确定 HK 舆情演化的影响结果。第 4 章主要介绍基于意见领袖的偏好与行动交互演化(OAIE)模型以及偏好与行动交互演化理论。第 5 章主要介绍基于边界信任的社会网络下不确定舆情与离散行动演化的调查结果。第 6 章主要介绍本书完成的主要工作以及取得的创新性成果,并就未来社会网络下不确定舆情演化的研究提出展望。

本书作为复杂网络不确定舆情相关理论知识学习的参考书,从介绍网络舆情相关知识到社会网络有向图、社会网络不确定 DeGroot 舆情演化模型、社会网络不确定 HK 舆情演化模型再到基于意见领袖的偏好与行动交互演化模型、基于边界信任的社会网络下不确定舆情与离散行动演化模型，其内容循序渐进，由浅入深，易于接受。同时，与其他网络舆情理论的书不同，本书的主要着眼点是研究复杂网络不确定舆情与行动交互演化机理及相关理论，抓住了舆情与行动的交互特点，覆盖面更加全面深入。

在本书写作过程中，与网络舆情领域众多学者和学生的讨论、交流与合作使我们受益匪浅，衷心感谢中南大学商学院陈晓红院士、徐选华教授；感谢西南财经大学寇纲教授、四川大学商学院董玉成教授、梁海明副教授等指导并提供的宝贵建议；感谢研究生粟湘伟、刘怡歌等同学协助研究与整理；特别感谢国家自然科学基金青年项目（No. 72204082）、中国博士后科学基金面上项目（No. 2023M733936）、湖湘青年英才科技创新类项目（No. 2023RC3181）、湖南省教育厅重点项目（No. 23A0461）等的支持。

迄今为止，市面上有关复杂网络与舆情管理研究的书籍较少，作者主要结合自己科研和教学工作中的体会以及将国内外重要书刊上的有关舆情演化研究成果，经过整理加工，系统地呈现给读者。作为具有复杂网络演化决策背景的研究人员，我们深知反馈对于改进研究与应用实践的重要性。希望本书能够对网络不确定舆情演化方面的研究起到促进作用。如果本书能对读者有所裨益，作者将十分欣慰，书中不妥之处，敬请同行指正。

著　者

2024 年 4 月

## 符号与标记

| 参数 | 含义 |
|---|---|
| $G(V,E)$ | 复杂网络 |
| $V$ | 网络中的节点集合 |
| $E$ | 网络中的边集合 |
| $N$ | 网络中节点的数量 |
| $\boldsymbol{A}=(a_{ij})$ | 网络中的邻接矩阵 |
| $\boldsymbol{P}=(p_{ij})$ | 网络中的可达矩阵 |
| $\boldsymbol{W}=(w_{ij})$ | 权重矩阵 |
| $x_i(t)$ | 个体 $v_i$ 在 $t$ 时刻的偏好 |
| $y_i(t)$ | 个体 $v_i$ 在 $t$ 时刻的行动 |
| $h$ | 意见和行动阈值 |
| $\varepsilon_{ij}(t)$ | 个体 $v_i$ 对个体 $v_j$ 在 $t$ 时刻的偏好估计误差半径 |
| $\left[\xi_{ij}^L(t),\xi_{ij}^U(t)\right]$ | 个体 $v_i$ 对个体 $v_j$ 在 $t$ 时刻的偏好估计误差范围 |
| $f_{ij}(t)$ | 个体 $v_i$ 对个体 $v_j$ 在 $t$ 时刻的估计偏好 |
| $w_{ij}$ | 个体 $v_i$ 对个体 $v_j$ 分配的权重 |
| $\beta_i$ | 个体 $v_i$ 对自身分配的权重 |
| $\alpha$ | 个体 $v_i$ 受个体 $v_j$ 影响的收敛系数 |
| $\varepsilon_i$ | 个体 $v_i$ 的边界信任 |
| $e_{ij}$ | 社会网络中个体 $v_i$ 与个体 $v_j$ 的连边 |
| $d_i(t)$ | 个体 $v_i$ 在 $t$ 时刻的意见宽度 |
| $V_G^{leader}$ | 网络中的意见领袖集合 |
| $V_G^{follower}$ | 网络中的随众集合 |
| $V^u$ | 网络中的不确定容忍个体集合 |
| $V^w$ | 网络中的精确偏好个体集合 |
| $\bar{x}_{L_i}(0)$ | 网络中意见领袖的初始意见 |
| $M$ | 意见迭代次数 |

续表

| 参数 | 含义 |
| --- | --- |
| $m$ | 意见领袖的个数 |
| $T$ | 所有意见形成稳定的最短时间 |
| NC | 稳定时刻不同意见类的数量 |
| RENC | 极小类比例 |
| $S^*$ | 不确定意见比例 |
| WU | 不确定意见平均宽度 |
| $\lambda_i$ | 个体 $v_i$ 表达不确定意见后随机产生的精确数 |
| pr 或 $p$ | 网络连接概率 |
| $R$ | 不确定容忍个体比例 |
| $S$ | 初始时刻表达不确定意见的个体比例 |
| $R_U(t)$ | $t$ 时刻个体表达不确定意见比例 |
| $W_U(t)$ | $t$ 时刻不确定意见平均宽度 |
| $Y$ | 不确定容忍个体比例 |
| $H$ | 所有个体初始意见的最大意见宽度 |
| $\mu$ | 个体 $v_i$ 对 $v_j$ 认知程度的偏好估计误差收敛系数 |
| $k=0$ | 行动为不支持的个体 |
| $k=1$ | 行动为支持的个体 |

# 目　录

# 1 绪 论

　　舆情是指在一定的时空范围内,民众围绕中介性问题或事件所持有的一种社会态度,它是较多群众针对某些问题或事件所表达的意见和情绪的总和[1,2]。近年来,随着网络技术的飞速发展,方便、快捷、低成本的互联网为普通民众提供了更多的言论空间和话语平台。人们在互联网上获取信息、发表言论、交流意见,使得网络逐渐成为舆情产生与演化的主阵地,由此形成了网络舆情[3-5]。网络舆情的主体是社会公众,客体是热点性社会事件,而公众对热点事件所表达的意见则是舆情的本体,社会网络平台是舆情传播的主要媒介。

## 1.1　研究背景及研究意义

　　目前,我国网络舆情的特点主要体现在以下 4 个方面[6-9]。

### 1.1.1　网络寡头垄断,网民规模超大,舆论功能极强

　　中国互联网络信息中心(CNNIC)发布的第 54 次《中国互联网络发展状况统计报告》显示,截至 2024 年 6 月,我国网民规模近 11 亿人,互联网普及率达 78.0% 。"全民新闻"时代,每个个体既是新闻的受众,也是新闻的传播者。目前,我国主要的新闻网站已吸引了国内 95% 以上的网络浏览量,百度和谷歌则占据搜索引擎市场 90% 以上的份额,而新浪微博、百度热搜则聚集了超过 90%

的网民舆论能量,成为舆论"寡头"。一个热点性舆情事件常常吸引上千万乃至上亿的网民共同关注与交流,舆论功能极强。

### 1.1.2　网络点状扁平,层级梯度很浅,热点爆发迅速

我国互联网主要是点状扁平的网络结构,连接路径极短,小世界特性明显,信息传递速度极快。区域性中间层舆情网络羸弱,梯度很浅,从而导致少数全国性大网站往往成为舆情发源、发酵和引爆的主战场。看似微不足道的点赞、评论和转发,一旦快速聚集叠加放大,舆情就会由点及面、全方位、多维度、指数级裂变传播和扩散。从孤掌难鸣到共鸣,从小众到大众,短时间内迅速发酵,甚至呈现"喷涌"之势,组成了声音洪亮的不可忽视的重要力量。"微传播",形"微"实"大",热点爆发迅速。

### 1.1.3　网络异构交互,观点消极负面,舆情易被操纵

网络舆情以自媒体爆料为主,常常涉及民生权益、教育舆情、经济舆情以及医疗卫生等民众关心的议题。网民、政府与媒体在不同的媒介之间交融互动,线状传播与层次传播异构交互,呈现网格化、全方位、综合性、立体式传播的动态复杂态势。"上访不如上网"的百姓"痛点",使得弱势群体或利益受损者在网上高亢发声,而没有触及切身利益的部分网民则极少发声,从而导致网络观点消极,负面意见极多。以网牟利,煽动民意,绑架操纵舆情等引发公众对立情绪,激化社会矛盾的事件时有发生。

### 1.1.4　意见行为联动,舆情风险巨大,监管矛盾凸显

线下发生的热点事件在网上迅速传播蔓延,爆发激烈讨论,而网民的线下行为又极易受线上舆情的影响,从而出现线上线下联动的情形,壮大声势后的网络舆情向现实世界施加压力,迫使线下民众采取行为,给现实社会带来巨大

影响。同时,西方及境内外各种敌对势力利用网络舆情进行文化渗透,威胁我国网络空间安全与社会稳定,风险值得警惕。网络舆情既可反映社会民意,加强社会监督,促进社会主义民主政治的发展。但是网络空间乌烟瘴气乱象频出,有沦为"社会垃圾场"的风险,网络舆论监督与政府管理矛盾凸显。

信息革命迅猛发展,网络被称为继行政、司法和立法之后的"第四权",而网络空间也被称为"第五疆域"。在"互联网时代"舆情产生和传播都发生了革命性变化,社会舆情格局通过网络得到了重塑,一张图、一段视频经过网络的传播,几小时就能形成爆发式传播,网络舆情深刻地影响着民众社会生活的方方面面。网络舆情能够反映社情民意,既有利于社会公众参与公共事务,进行舆论监督,同时也有助于疏解民众的不满情绪,维护社会的稳定。互联网上人们关注的问题涉及群众思想工作,如何有效地管理网络舆情已经成为党和政府面临的重大现实难题,受到了广泛的关注和重视。

资料显示,目前我国已经出台了一系列法律法规对网络舆情进行了相关规定,已经初步形成了一个较为完善的法律法规体系,见表1.1。

表1.1 我国网络舆情的相关法律法规

| 时间 | 法律法规 |
|---|---|
| 1996 年 | 《中国公用计算机互联网国际联网管理办法》 |
| 1997 年 | 《计算机信息网络国际联网安全保护管理办法》 |
| 2000 年 | 《互联网信息服务管理办法》 |
| 2000 年 | 《全国人民代表大会常务委员会关于维护互联网安全的决定》 |
| 2013 年 | 《国务院关于修改〈信息网络传播权保护条例〉的决定》 |
| 2015 年 | 《互联网用户账号名称管理规定》 |
| 2016 年 | 《互联网直播服务管理规定》 |
| 2016 年 | 《中华人民共和国网络安全法》 |
| 2016 年 | 《互联网信息搜索服务管理规定》 |
| 2016 年 | 《网络出版服务管理规定》 |

续表

| 时间 | 法律法规 |
|---|---|
| 2017 年 | 《互联网新闻信息服务许可管理实施细则》 |
| 2018 年 | 《具有舆论属性或社会动员能力的互联网信息服务安全评估规定》 |
| 2019 年 | 《网络信息内容生态治理规定》 |
| 2021 年 | 《关于加强网络文明建设的意见》 |
| 2023 年 | 《新时代的中国网络法治建设》 |

随着 5G、大数据、人工智能、云计算等科学技术的高速发展,网络舆情也得到了加速繁荣与壮大。目前,我国网络舆情以监控、预警为主,在此基础上进行舆情引导。人才队伍以新闻传播人员居多,缺乏网络理论和信息技术背景。面对错综复杂的网络环境和严峻的舆论压力,深入了解网络舆情表达的特点以及网络对舆情演化的影响,系统的研究网络舆情演化及其发展规律具有非常迫切的现实需求,同时也具有非常重要的理论价值和现实意义,主要可概括为以下 3 点。①可以为政府完善和优化舆论管控并引导危机舆情提供决策支持,使网络空间更加清朗;②企业可以借助舆情演化的相关知识宣传企业的产品和服务,及时地了解市场行情,为企业保持良好形象和口碑、维护品牌价值提供有力支撑;③个人可以通过网络舆情来表达自身的诉求,维护自身的发展权益。因此,研究网络舆情的演化具有非常重要的研究意义。

# 1.2　相关文献综述

理论上,存在一门与舆情管理紧密相关的学科,即舆情动力学(Opinion Dynamics)。舆情动力学主要是基于理论建模和实验仿真来研究群体意见形成共识、极化或分裂的演化过程。关于舆情动力学的研究最早可追溯到 1956 年,

French[10]最早提出了社会权利(Social Power)模型,并指出群体交互是影响社会认同的一个重要因素。舆情动力学模型一经提出,便激起了管理学、社会心理学、系统科学、物理学等多学科研究人员的研究热情。基于社会权利模型,一些带有不同意见格式和融合规则的有趣的舆情动力学模型相继被提出,例如DeGroot 模型[11-13]、投票(Voter)模型[14-20]、Sznajd 模型[21,22]、多数规则(Majority Rule)模型[23-25]、自我认同(FJ)模型[26-28]、边界信任(Bounded Confidence Model)模型(如 DW 模型和 HK 模型)[29-35]和连续意见离散行动(CODA)模型[36-40]。近年来,随着网络舆情的不断发展,舆情动力学也越来越受到相关学者的广泛关注,几乎每年都有论文发表在 *Science*[28,41]、*Operations Research*[42]、《PNAS(美国科学院院刊)》[43]等国际权威期刊上。

目前关于舆情动力学的研究主要体现在以下 3 个方面[33,34,45-49]:①舆情动力学的基本模型研究,如投票模型、DeGroot 模型、边界信任模型等;②舆情动力学经典模型的一些拓展,如舆情演化在一个网络上、带有噪声或不确定的舆情演化、混合舆情演化、多维舆情演化以及带有特殊个体的舆情演化等;③舆情演化在现实生活中的应用,如政治选举、市场、交通以及公共意见管理等。

## 1.2.1 经典舆情演化模型

### 1.2.1.1 舆情演化研究的基本框架

与传统的群决策[50-59]研究不同,舆情动力学的研究侧重于群体意见的演化[32,44-48]。舆情动力学模型一般包含意见格式、交互规则和舆情演化环境这 3 个基本要素。一般来说,群体意见最终会形成 3 种结构:共识、极化或分裂[32,44]。在现有的舆情研究中,根据个体表达的不同意见格式,舆情动力学模型可以分为连续意见模型[11-13,26-38]和离散意见模型[15-20]两大类。由于个体不会简单地分享或者完全地拒绝其他个体的意见,而是在自身意见的某一个拓展范围内考虑其他个体的意见来更新自身的意见,这种意见的更新规则称为交互规则。意见的交互过程会受到不同舆情演化环境的影响,例如:社会网络[60-69]和噪声[70-72]等。

舆情演化研究的基本框架如图1.1所示。

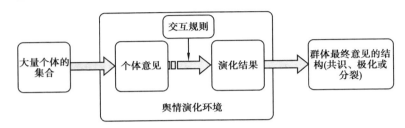

图1.1 舆情演化研究的基本框架

令 $V=\{v_1,v_2,\cdots,v_n\}$ 表示个体的集合,$x_i(t)$ 表示个体 $v_i$ 在 $t$ 时刻的意见。令 $w_{ij}$ 表示个体 $v_i$ 分配给个体 $v_j$ 的权重,其中 $w_{ij}\geqslant0,\sum\limits_{j=1}^{n}w_{ij}=1$。那么个体 $v_i(i=1,2,\cdots,n)$ 的舆情演化模型可以表示为:

$$x_i(t+1)=w_{i1}x_1(t)+w_{i2}x_2(t)+\cdots+w_{in}x_n(t),t=0,1,2,\cdots \qquad (1.1)$$

方程(1.1)可以简写为:

$$\boldsymbol{X}(t+1)=\boldsymbol{W}\times\boldsymbol{X}(t),t=0,1,2,\cdots \qquad (1.2)$$

其中,$\boldsymbol{W}=(w_{ij})_{n\times n}$,$\boldsymbol{X}(t)=[x_1(t),x_2(t),\cdots,x_n(t)]^{\mathrm{T}}\in R^n$。

对于任意的 $\boldsymbol{X}(0)\in R^n$,如果 $\lim\limits_{t\to\infty}x_i(t)=c(i=1,2,\cdots,n)$,那么所有的个体都能达成共识。这里 $c$ 被称为共识意见值[11-13]。另一方面,如果在舆情演化的最后阶段存在两个或者多个不同的意见,那么,分别称为舆情的极化或分裂。

### 1.2.1.2 舆情演化的经典模型

下面回顾一些基本的舆情演化模型,如 DeGroot 模型、边界信任模型和投票模型。

1)DeGroot 模型

DeGroot 于 1974 年提出 DeGroot 模型[11],此模型被称为舆情演化的经典模型。在式(1.2)中,当 $\boldsymbol{W}$ 不随时间或意见的改变而改变时,式(1.2)被称作

DeGroot 模型。在 DeGroot 模型中，所有个体的意见均为连续意见，一般假设 $x_i(t) \in R$。

DeGroot [11] 证明了共识意见是所有个体初始意见的线性组合，同时组合系数与权重矩阵 $\boldsymbol{W}$ 相关，是权重矩阵 $\boldsymbol{W}$ 的特征值等于 1 时所对应的特征向量。Berger [12] 提出了 DeGroot 模型达成共识的充要条件，研究表明当且仅当存在一个时间 $t^* \in \{1,2,\cdots\}$，使得权重矩阵的幂 $\boldsymbol{W}^{t^*}$ 包含至少一个积极的列时，所有的个体能够达成共识。DeGroot [11] 和 Berger [12] 提出的结果已经用于作为检验社会网络 DeGroot 模型能否达成共识的基础[13]。

2）边界信任模型

在式（1.2）中，权重可以随着时间或者意见的改变而改变，因此一些 DeGroot 模型的变形也非常经典，例如自我认同模型[26-28]、时变模型[32] 以及边界信任模型[29-35]。由于考虑了人们心理方面的因素，边界信任模型正成为一种非常普遍的舆情演化研究工具。在边界信任模型中，个体的意见只会受那些不超过自身一定信任水平的其他个体的意见所影响。

在边界信任模型中，考虑一群个体的集合 $V = \{v_1, v_2, \cdots, v_n\}$，每个个体 $v_i(v_i \in V)$ 在离散的时刻 $t(t \in \{0,1,2,\cdots\})$ 拥有一个意见 $x_i(t)(x_i(t) \in [0,1])$。令 $\boldsymbol{X}(t) = [x_1(t), x_2(t), \cdots, x_n(t)]^{\mathrm{T}}$ 为 $t$ 时刻所有个体的意见集，$\varepsilon$ 为边界信任。如果不同的个体拥有相同的 $\varepsilon$ 值，那么此边界信任模型为同质的，否则为异质的[34]。两个具有代表性的边界信任模型为 DW 模型[29,30] 和 HK 模型[32]，下面将具体介绍这两个模型。

（1）DW 模型。

在 DW 模型[29,30] 的群体中随机的选择两个个体，然后基于边界信任，两个个体决定是否信任对方的意见来更新自身的意见。不失一般性，在时刻 $t$，从个体集合中随机选择两个个体 $v_i$ 和 $v_j(i \neq j)$，如果此时个体 $v_i$ 和 $v_j(i \neq j)$ 的意见之差的绝对值小于边界信任 $\varepsilon$，也就是 $|x_i(t) - x_j(t)| \leq \varepsilon$，那么在 $t+1$ 时刻他们的

舆情演化方程为：

$$\begin{cases} x_i(t+1) = x_i(t) + \mu[x_j(t) - x_i(t)] \\ x_j(t+1) = x_j(t) + \mu[x_i(t) - x_j(t)] \end{cases}, t = 0,1,2,\cdots \qquad (1.3)$$

在这里，$x_i(t+1)$ 表示个体 $v_i$ 在 $t+1$ 时刻的意见，$\mu \in [0,0.5]$ 是收敛参数。当两个个体的意见在边界信任值 $\varepsilon$ 内时，参数 $\mu$ 控制着一个个体的意见朝另外一个个体的意见靠拢的快慢[31,46]。如果 $\mu = 1/2$，那么这两个个体 $t+1$ 时刻的意见是他们 $t$ 时刻意见的平均值。

（2）HK 模型。

HK 模型与 DW 模型相似。在 HK 模型中[32]，令 $I(v_i, \boldsymbol{X}(t))$ 为个体 $v_i$ 在时刻 $t$ 的信任集，$w_{ij}(t)$ 为时刻 $t$ 个体 $v_i$ 分配给 $v_j$ 的权重，也就是

$$w_{ij}(t) = \begin{cases} \dfrac{1}{I(v_i, \boldsymbol{X}(t))}, & v_j \in I(v_i, \boldsymbol{X}(t)) \\ 0, & v_j \notin I(v_i, \boldsymbol{X}(t)) \end{cases}, i = 1,2,\cdots,n \qquad (1.4)$$

在这里，$I(v_i, \boldsymbol{X}(t)) = \{v_j \mid |x_i(t) - x_j(t)| \leqslant \varepsilon\}$，$I(v_i, \boldsymbol{X}(t))$ 表示个体 $v_i$ 的信任集的元素个数。

个体 $v_i$ 在 $t+1$ 时刻的意见 $x_i(t+1)$ 能够通过式（1.5）计算得出：

$$x_i(t+1) = \sum_{v_j \in I(v_i, X(t))} w_{ij}(t) x_j(t), i = 1,2,\cdots,n \qquad (1.5)$$

DW 模型和 HK 模型都基于边界信任的理念对意见进行反复加权取平均值。它们的区别在于融合机制的不同：在 DW 模型中，个体随机的成对选择遇到的个体，并根据意见是否在边界信任范围内决定是否进行交流；而在 HK 模型中，每个个体对在其意见边界信任范围内的所有个体的意见进行平均。明显的，HK 模型适用于模拟正式的会议情形，他们的交流出现在一群个体之间。而 DW 模型则更适合于群体中个体间的成对交流[73,74]。HK 模型和 DW 模型的相似与不同在文[32,75,76]中有非常深入的讨论，同时一些经典的结果在 DW 模型和 HK 模型中被提出。

在 DW 模型中,$\mu$ 和 $n$ 只影响收敛时间和最终意见的分布宽度,而且较低的 $\mu$ 值会导致较长的收敛时间[33]。一般来说,聚类数目和规模依赖于边界信任 $\varepsilon$,较大的 $\varepsilon$ 值将导致较少的意见类和较大规模的类。特别地,当 $\varepsilon > \varepsilon_c = 1/2$ 时,在最终阶段,所有的个体都将持相同的意见,共识值为 0.5,因此,形成完全的共识,与社会网络拓扑结构无关[33,77]。而当 $\varepsilon < 1/2$ 时,两个或更多的意见类将会在舆情演化过程中出现。蒙特卡罗仿真表明最终聚类数量 $n_c$ 接近于 $1/(2\varepsilon)$[73]。

与 DW 模型相同,在 HK 模型中,较大的边界信任也将导致较少的意见类。当边界信任足够大时,所有的个体意见都将达成共识。当边界信任在某一临界值 $\varepsilon_c$ 附近时,将导致个体花费更多的时间来达到稳定状态[46]。HK 模型研究的一个关键问题是收敛时间,Lorenz[78] 提出个体在任意初始意见下都能够形成稳定。基于这一研究结果,一些学者调查了群体中个体意见形成稳定状态所需的迭代时间[79,80]。在最近的研究中,Wedin 和 Hegarty[80] 指出,所有个体达成稳定状态的时间下界为 $\Omega(n^2)$,这里 $n$ 表示群体中个体的数目,$\Omega(\cdot)$ 表示最差情况的下界。

3)投票模型

投票模型由 Clifford 和 Sudbury[81] 以及 Holley 和 Liggett[14] 所发起,投票模型用于讨论社会问题中公共选择的社会演化。在投票模型中,所有的个体都假设在一个规则的晶格上,每个个体的意见由二元变量表示,个体将根据随机选择的邻居的意见来更新他自身的意见。

投票模型用下式表示:

令 $V = \{v_1, v_2, \cdots, v_n\}$ 表示所有个体的集合,$t$ 表示离散时间,$x_i(t)$ 表示个体 $v_i$ 的二元意见。在这里,$x_i(t) = 0$ 或者 $x_i(t) = 1$。所有的个体都被放置在一个 $[\sqrt{n}] \times [\sqrt{n}]$ 的晶格 $B$ 中,假设个体 $v_i$ 在晶格 $B$ 中的位置为第 $l$ 行和第 $k$ 列,也就是 $b_{kl}$,那么个体 $v_i$ 有 4 个邻居。明显地,这 4 个邻居的位置分别为 $b_{k-1,l}$、$b_{k+1,l}$、$b_{k,l+1}$ 和 $b_{k,l-1}$。个体 $v_i$ 随机的选择 4 个邻居中的 1 个邻居。不失一般性,

假设个体 $v_i$ 选择的邻居为 $v_j$，其位置为 $b_{k-1,l}$。令个体 $v_i$ 在 $t+1$ 时刻的意见为 $x_i(t+1)$，那么

$$x_i(t+1) = x_j(t) \tag{1.6}$$

在投票模型中，达成共识状态也被广泛地研究。现有的研究模拟个体在一个 $d$ 维的超立方晶格中[46]。当只考虑有限系统时，对于任何的 $d$ 维晶格，投票模型都将导致两种意见中的一种共识状态，也就是所有的个体都持相同的意见 $x_i=0$ 或 $x_i=1$，而达成共识状态 $x_i=0$ 或 $x_i=1$ 的概率依赖于初始意见的分布。在有限的系统中，达成共识状态的时间复杂度也已被调查，令 $T_n$ 表示达成共识状态的迭代次数，那么当 $d=1$ 时，$T_n \sim n^2$；当 $d=2$ 时，$T_n \sim n \ln n$；当 $d>2$ 时，$T_n \sim n$。

### 1.2.2 舆情演化模型的拓展

下面回顾舆情演化模型的一些拓展，包括舆情演化在一个网络上、带有噪声和不确定的舆情演化、混合舆情演化、多维舆情演化以及带有特殊个体的舆情演化。

#### 1.2.2.1 舆情演化在一个网络上

考虑一群个体，他们的意见融合在一个网络上。根据不同的拓扑结构，网络包括正式网络、非正式网络和混合网络。正式网络呈金字塔形，一般用树状结构描述，它是所有大型组织的主要模式，如公司、政府、军队和宗教等[82]。非正式网络的代表主要有 ER 随机图[60,61]、WS 小世界网络[62] 和 BA 无标度网络[64]。网络方法的应用对于人们理解复杂系统的结构和功能等具有非常重要的意义[64,83-85]。假设用基本网络图来表示整个社会，每个个体代表一个节点，而节点与节点之间的连边则表示个体之间的社会关系。那么每个个体所表达的连续的或离散的意见都将受到其他相邻个体的影响。个体在网络上与其他个体进行交流，从而寻求达成一致的意见。

因为个体作为社会群体中的一员，往往会受到社会网络的影响，因此在现

实的舆情演化研究中,考虑社会网络是舆情演化研究的一个重要方向。为了研究舆情的演化规则,很多学者从不同的视角研究了基于网络的舆情演化模型,例如:网络结构,网络社会影响以及社会网络意见引导与控制等。为了提高可读性,表1.2总结了舆情演化在不同网络上的模型。

表1.2　舆情演化在不同网络上的模型

| 意见格式 | 模型 | 网络 | 参考文献 |
|---|---|---|---|
| 离散意见 | 投票模型 | 规则晶格网络 | Frachobourg 和 Krapivsky[86] |
| | | ER 网络 | Schneider-Mizell 和 Sander[87]<br>Palombi 和 Toti[88]<br>Basu 和 Sly[20] |
| | | WS 小世界网络 | Castellano,Marsili 和 Vespignani[89]<br>Vilone 和 Castellano[91] |
| | | SF 网络和 ER 网络 | Sood 和 Redner[92] |
| | | 自适应网络 | Zschaler 等人[93] |
| | | 多层网络 | Diakonova 等人[94]<br>Zhong 等人[95] |
| | 多数规则模型 | 规则晶格网络 | Chen 和 Redner[96] |
| | | 异质网络 | Lambiotte[97] |
| | | 超网络 | Lanchier 和 Neufer[98] |
| | Sznajd模型 | 规则晶格网络 | Stauffer[99] |
| | | 规则晶格网络、ER 网络、WS 小世界网络和 SF 网络 | Rodrigues 和 Costal[100] |
| | | 小世界网络 | Elgazzar[101] |
| | | 无标度网络 | Bernardes,Stauffer 和 Kertész[102] |

续表

| 意见格式 | 模型 | 网络 | 参考文献 |
|---|---|---|---|
| 离散意见 | 网页排名意见形成模型 | 真实的有向网络:剑桥大学、牛津大学网络;生活期刊网和推特网络 | Kandiah 和 Shepelyansky[103] |
| | | Ulam网络 | Chakhmakhchyan 和 Shepelyansky[104] |
| | 修改的网页排名模型 | 网页图、引用网络、维基百科网络和生活期刊网络 | Eom 和 Shepelyansky[105] |
| | 随机媒体推荐模型 | 真实网络:因特网、电影数据网、电子邮件网络 | Colaiori 和 Castellano[106] |
| | 二元意见演化模型 | 全连接结构平衡网络 | Lee,Chang 和 Liu[107] |
| | 社会影响模型 | 无标度网络 | Li 等人[108] |
| | 意见超网模型 | 超级网络 | Liu 等人[109] |
| 连续意见 | DW 模型 | 规则晶体网络、ER 随机网络和完全网络 | Deffuant[110] |
| | | 随机网络、小世界网络、无标度网络 | Askarisichani 和 Jalili[111] |
| | | 随机网络、小世界网络、完全网络 | Kurmyshev,Juárez 和 González-Silva[112] |
| | | 无标度网络 | Stauffer 和 Meyer-Ortmanns[113] Weisbuch[114] |
| | | 真实的网络:脸书、电子邮件网络、合作网络 | Jalili[115] |
| | | 交流网络 | Quattrociocchi,Caldarelli 和 Scala[116] |
| | HK 模型 | 无标度网络 | Fortunato[117] |
| | | 异质网络 | Mirtabatabaei 和 Bullo[118] |
| | | 轮式网络、环形网络、完全网络 | Zollman[119] |

续表

| 意见格式 | 模型 | 网络 | 参考文献 |
|---|---|---|---|
| 连续意见 | DeGroot 模型 | 无标度网络 | Han 等人[120] |
| | DeGroot-FJ 模型 | 影响网络 | Jia 等人[121] |
| | 意见改变模型 | 装甲师网络 | Song,Zhang 和 Qian[122] |
| | 多重平衡规则模型 | 完全图、星型、小世界,随机网络 | Koulouris,Katerelos 和 Tsekeris[123] |
| | 带有欺骗性交互的意见形成模型 | 社会网络 | Barrio 等人[63] |
| | 社会影响模型 | 社会影响网络 | Friedkin 和 Johnsen[26] |
| | 亲和力模型 | 随机网络、小世界网络、无标度网络和规则晶格网络 | Righi,Carletti[124] |
| | 带有多水平容忍的意见演化模型 | 小世界网络、无标度网络、树状网络 | Song,Shi 和 Ma[125] |
| | 模糊意见模型 | 模糊意见网络 | Wang 和 Mendel[126] |

在表 1.2 中,第 1 列表示意见的表达格式,第 2 列表示基本模型,第 3 列和第 4 列分别表示网络和参考文献。

### 1.2.2.2 带有噪声和不确定的舆情演化

Edmonds[127]提出了一种通过增加一些噪声是否会改变结果的方法,来测试结果的鲁棒性,在他的研究中,相同的噪声被应用在所有的个体上。近些年,有关噪声对舆情演化的研究吸引了很多学者的兴趣。Deffuant[110]比较了当主要参数在完全网络、随机网络和晶格网络这几种不同类型的网络上变化时,4 种连续意见模型在极端条件下的演化。Pineda 等人[128]研究了 DW 模型在噪声的条件下对连续意见的影响。然后 Carro 等人[129]模拟将噪声作为个体的自由意愿加入到系统中，研究了噪声的波动在边界信任条件下对连续意见演化的影响。Pineda 等人[70]研究了噪声对 HK 模型的影响，在此意见演化的过程中某一概率的个体有机会以不同的规则随机地在意见空间中改变他们的意见。Su 等人[130]提供了严格的理论分析来研究在噪声环境下意见演化的共识行为，研究结果表明在 HK 模型中噪声怎样有助于意见的"同步"。Carro 等人[71]在修改原始投票模型的基础上研究了可以随机改变状态的噪声投票模型。Wang 等人[131]研究了噪声对连续时间下的 HK 模型的影响。Chazelle 等人[132]建立了全局适定性的非线性 Fokker-Planck 方程，研究了噪声下的 HK 模型。另一方面，当人们对政治、产品、事件等不同的问题表达意见或看法时，他们经常不能够提供精确的意见而是表达其他类型的意见格式，如区间意见、语言意见或者模糊意见。Dong 等人[133]研究了语言环境下意见的演化。Liang 等人[134]在边界信任的框架下调查了区间意见演化。Wang 和 Mendel[126]提出了一种模糊意见演化新的数学框架。

### 1.2.2.3 混合意见模型的舆情演化

基于某些基本的舆情演化模型，一些有趣的混合舆情演化模型相继被提出，如连续意见离散行动（CODA）模型、DeGroot-FJ 模型、线上线下社会网络模型等。

Martins[36]首次提出了一种基于连续意见离散行动的混合舆情演化模型。在此模型中，其基本假设是每个个体只能观察到其他个体的外在行动而不了解他们的内在意见。接着 Martins[37,135]利用贝叶斯更新规则来研究连续意见离散行动模型，并分析社会网络对极端意见的影响。然后 Martins 和 Kuba[136]利用 CODA 模型研究了对立个体对舆情演化的影响，Martins 和 Galam[137]整合 Galam 统一框架和 CODA 模型，建立了一个易用的更加现实的模型。最后 Martins[138]在 CODA 模型中引入了信任的概念，并讨论了 CODA 模型与传统离散模型之间的关系。

Jia 等人[139]研究了自我评价、社会权力和人际关系对群体中个体讨论一系列问题时意见形成的演变。他们的实证模型结合了描述意见进化过程中平均规则的 DeGroot 模型和描述个体自我评价及社会权力的 Friedkin 模型,被称为 DeGroot-Friedkin 模型。通过给定一组相对人际关系权重,DeGroot-Friedkin 模型预测了影响网络支配意见形成过程的演化。

世界上有将近一半的个体通过互联网等在线环境获得信息并融合他们的意见,然而另外一半的个体则通过线下环境接收和融合他们的意见。因此存在一种线上线下的意见交互机制。为了分析如何管理线上线下社会网络并揭示线上线下社会网络中的意见交流机制,Dong 等人[140]提出了线上线下社会网络舆情演化模型。此外,为了模拟线上个体接收信息和融合意见的速度要快于线下个体接收信息并融合意见的速度,Ding 等人[141]提出了基于边界信任的异步线上线下网络交互舆情演化模型。

### 1.2.2.4 多维舆情演化模型

上述提到的模型中,大部分都是采用一维的数值来描述个体的意见。它们对理解一维的舆情演化很有帮助。然而在现实中,人们对于不同的主题有多重意见,比如产品、娱乐、信仰等,这些不同的意见需要用一个向量来表示,从而形成多维意见。多维意见的交互更加贴近实际结果,因此一些多维舆情演化模型相继被提出。

Laguna 等人[142]提出了一个社会影响模型的数值仿真模型,在此模型中个体的意见用二维向量来表示,同时分析了意见聚类和同质稳定状态之间的转化。Jacobmeier[143]根据 Deffuant[144]模型在有向的 BA 无标度网络上提出了带有多个主题的离散意见的共识模型。Fortunato 等人[145]利用带有妥协的 HK 模型研究了相互作用的群体向量连续意见的舆情演化。Lorenz[146]利用 HK 模型和 DW 模型研究了多维连续意见的舆情演化。Huet 等人[147]研究了带有拒绝机制的二维边界信任模型,这种拒绝机制在于,当一个维度的意见强烈的不同意这个维度的其他个体的意见时,他们的另外一个维度的意见将会从靠近的意见变得相互远离。Etesami 和 Başar[148] 利用 HK 模型研究了在多个背景下舆情系统的演化。Waagen 等人[149] 调查了狂热的个体对高维舆情演化的影响。Stamoulas 和 Rathinam[150] 研究了连续时间下多维舆情演化的收敛性、稳定性和鲁棒性。

### 1.2.2.5　带有特殊个体的舆情演化

不同的个体有不同的个性化特征,因此形成了多样化的社会。群体中,尽管大多数个体都是普通的,但是仍然存在小部分带有特殊特点的个体,如意见领袖、水军、不灵活或顽固的个体、敌对的个体以及狂热的个体等。Katz 和 Lazarsfeld[151] 第一次在舆情演化中提出了意见领袖这一定义。社会中的意见领袖通常是这样一群个体:因为他们的能力和位置出众,他们拥有对其他个体强大的影响力[152-153]。一些舆情演化模型和仿真实验被用于研究意见领袖对舆情演化的影响[130,154]。水军是这样一群个体:在社会中他们不能够被区分,但是可以通过微观的意见交互有能力渐渐地引导公共意见朝着一个设定的目标演化。为了实现这一目标,他们假装与其他个体有相似的意见,然后在跟其他个体交流的过程中,他们渐渐地有意地改变他们自己的意见并朝着目标意见方向靠近[111,155,156]。不灵活的个体[135,157] 亦被称作顽固的个体[158-160],他们总是保持他们的意见不变,敌对的个体[161-164] 则总是跟周围的大多数个体的意见相反,而狂热的个体[149,165-167] 他们非常偏好一个意见。水军不同于不灵活个体、敌对个体以及狂热个体,他们能够调整他们的意见带有目的地去影响其他个体的意见。

## 1.2.3　舆情演化模型的应用

这一节介绍舆情演化在不同领域的应用,如选举、市场、交通以及公共意见的管理。

在政治选举中,Bernardes 等人[102] 通过应用 Sznajd 模型和 BA 无标度网络研究了巴西选举的结果。González 等人[169] 研究了基于 Sznajd 模型的选举模型,所得到的瞬时投票分布指数与巴西和印度的实际选举指数一致。Galam[162]研究了逆反者对"悬念选举情景"舆情演化的影响。Bravo-marquez 等人[170]对 2008 年美国选举的推特数据进行了时间序列的舆情实证研究。

在市场中,Sznajd-Weron 和 Weron[171] 提出了一种描述双寡头市场中广告机制的 Ising 模型。Schulze[172] 认为广告的影响可以用一个二元模型来模拟,即不管正常的说服过程如何,都可以通过改变观点的概率来模拟广告的影响。Li 等人[163]基于一个僵化的逆向意见模型,考察了两组之间的竞争策略。Quattrociocchi 等人[116]研究了主流媒体意见交互是如何影响舆论空间的,特别是研究了信息系统中不同数量的媒介和交互模式对集体辩论和意见分布的影响。Innes[173] 提出了一种集群体内和群体外动力学以及媒体影响于一体的聚合模型,建立了群体共识发生和敌对媒体效应等社会现象与各种社会互动之间的潜在因果关系,并进一步将该模型应用于广告优化中的简化商业应用,以确定群体与广告目标的最优比例,从而在确定成本的同时最大限度地实现舆论转移。Oster 和 Feigel[174] 提出了描述股票和期权价格形成的意见动力学模型,并对期权价格的真实数据进行了分析。Varma 等人[175]分析了两个公司之间的竞争,文中每个公司都试图通过将钱花在广告或折扣上,从而获得更大的市场份额,使公众舆论向自己的方向靠拢。Castro 等人[176]提出了一种基于意见动态的推荐系统,以帮助用户在信息过载的情况下选择合适的产品或服务。

在交通上,Kozuki 和 Mahmassani[177]调查了交通服务的舆论形成和市场采纳中的信息获取和社会互动机制。Hashemi 等人[178]提出了一种提高车辆速度估计器可靠性的意见动力学方法。Le Pira 等人[179]通过采用基于 Agent 的模拟方法,对在典型社会网络中链接的利益相关者群体的意见动态进行模拟,再现了集体偏好在运输计划备选方案中的排序过程。

在公共舆情管理中,一些学者也研究了舆情演化模型,如引入媒体、改变网络结构以及调整个体的意见等。Mckeown 和 Sheehy[180]在 DW 模型中,通过在社会网络中增加一层媒体传播,提出了一种社会模拟模型。Crokidakis[181]考虑了大众媒体对二维 Sznajd 模型动力学的影响。Wu 等人[182]介绍了一种名为"意见流"的可视化分析系统,使分析人员能够检测舆论传播模式,并在社交媒体上收集见解。Pineda 和 Buendía[183]重点研究了外部大众媒体对具有非均匀边界的连续舆论动力学的影响。此外,一些研究人员通过改变社会网络结构的方法来讨论舆论的管理,如增加节点的连边[13,120]和增加节点[120,184-186]。另一方面,Kurz[187]研究了意见动力学在离散 HK 模型中的最小化收敛时间的最优控制问题。Ding 等人[188]在有界置信模型中,提出了支持共识达成的最小调整意见控制规则,并研究了调整阈值和有界条件对舆论控制规则的影响。

为了提高可读性,表 1.3 总结了舆情演化在不同领域的一些应用。

表 1.3　舆情演化的应用

| 应用领域 | 模型或特点 | 参考文献 |
|---|---|---|
| 政治选举 | Sznajd 模型 | Bernardes,Stauffer 和 Kertész[102] |
| | | Gonzalez,Sousa 和 Herrmann[169] |
| | 二元状态 galam 舆情演化模型 | Galam[162] |
| | 2008 年美国选举推特数据 | Bravo-marquez 等人[170] |
| 市场 | 广告或打折 | Sznajd-Weron 和 Weron[171] |
| | | Schulze[172] |
| | | Quattrociocchi,Caldarelli 和 Scala[116] |
| | | Innes[173] |
| | | Varma 等人[175] |
| | 市场价格的演化 | Oster 和 Feigel[174] |
| | 逆反者意见模型 | Li 等人[163] |
| | 舆情演化推荐系统 | Castro 等人[176] |
| 交通 | 社会学习机制 | Kozuki 和 Mahmassani[177] |
| | 车辆速度估计器的可靠性 | Hashemi 等人[178] |
| | 交通计划目标冲突舆情 | LePira 等人[179] |

续表

| 应用领域 | 模型或特点 | 参考文献 |
|---|---|---|
| 公共意见管理 | 调整意见 | Kurz[187] |
| | | Ding 等人[188] |
| | 改变网络结构 | Dong 等人[13] |
| | | Hegselmann 等人[184] |
| | | Han,Li 和 Guo[185] |
| | | Han 等人[120] |
| | | Han 等人[186] |
| | 媒体 | Mckeown 和 Sheehy[180] |
| | | Crokidakis[181] |
| | | Wu 等人[182] |
| | | Pineda 和 Buendía[183] |

在表1.3中,第1列表示舆情演化应用的领域,第2列表示文献中用到的模型或者特点,第3列表示参考文献。

## 1.3 研究问题的提出

值得注意的是,尽管舆情演化模型已有较多的研究,并且能够帮助我们理解生活中重要的舆情演化,但是,通过对我国网络舆情特点的归纳总结以及国内外网络舆情研究现状的梳理,发现仍然存在以下几点不足:

第一,现存的舆情演化模型大多研究精确意见的表达。事实上当人们遇到复杂问题时,由于知识和经验的局限,人们往往很难表达精确的意见,而是表达不确定意见[133,188-191]。例如:一些刚毕业的大学生在找工作时,由于缺乏相应的知识和经验,当他们用0到1之间的数(0表示极差,1表示极好)来评价一家公司的招聘政策时可能会提供一个区间意见[0.7,0.8]。换句话说,不确定意见是人们意见表达的主要形式,且更贴近现实。但是目前关于不确定舆情演化的研究极少。

第二,在现代社会,随着网络信息技术的迅猛发展,人们通过社会网络就能方便快捷地获取相关信息并交流他们的意见,如微信、微博、脸书、推特等。因此不确定舆情的演化往往也在社会网络上,但是还没有学者研究不确定舆情在社会网络上演化的情形。此外,已有的研究表明,社会网络结构对精确舆情演化有着非常重要的影响,因此有必要调查社会网络结构对不确定舆情演化的影响。

第三,现有的舆情演化模型总是会形成稳定的舆情,这与观察相矛盾。在现实世界中舆情往往存在不稳定的情形。据研究发现,不确定意见在舆情不稳定的演化中扮演着关键的角色,因此有必要揭示社会网络下不确定舆情演化形成稳定状态的条件及共识达成的规律。

第四,现实生活中,网络舆情的产生大多由线下问题延伸到线上,民众的意见开始在社会网络上进行演化,从而形成网络舆情。同时,线上的舆情又反过来影响着线下民众的行为,由此产生线上的网络舆情与线下行为联动的舆情事件。以往的舆情演化研究都只考虑意见的交互所形成的舆情。事实上,人的意见驱动着人类行为,意见和行动同时都在发生演化。目前极少有学者研究舆情演化中意见和行动同时进行演化的情形。尤其是,还没有学者研究意见和行动的演化在一个社会网络上。因此,研究舆情和行动的同时演化,在管理线上舆情的同时积极应对线下的行动才是解决舆情问题的关键。

# 1.4　研究框架及研究内容

本书研究社会网络下不确定舆情演化的基本规律,首先,建立了社会网络不确定 DeGroot 舆情演化模型,并提出理论分析和识别算法找出意见一直波动的个体以及意见最终会形成稳定的个体,在此基础上进行理论论证找出稳定个体达成共识的条件及波动个体最终的意见波动范围,并利用算例进行数值分析;其次,基于边界信任、不确定意见以及社会网络,建立了社会网络不确定 HK 舆情演化模型,利用理论论证和仿真实验分析的方法调查了社会网络结构对不确定舆情演化的影响;再次,在不确定舆情演化中考虑行动的影响,建立了边界信任下不确定舆情与离散行动模型,通过实验仿真分析调查了边界信任及意见和行动阈值对不确定舆情和行动演化的影响;最后,通过建立社会网络不确定舆情与离散行动演化模型,利用实验仿真分析调查了社会网络结构对不确定舆情与离散行动演化的影响。

本书的研究内容框架如图 1.2 所示,第 1 章为绪论,第 2—5 章为主要研究内容,第 6 章为结论与展望。

各章具体研究内容安排如下:

第 1 章为绪论。首先介绍网络舆情的研究背景和研究意义,其次对国内外舆情相关研究进行综述,接着在综述的基础上结合我国网络舆情的特点提出了以往研究的不足,由此提出本书的研究问题,最后给出本书的研究框架及内容。

第 2 章为社会网络下不确定 DeGroot 舆情演化分析。当人们面对复杂的舆情事件时,由于受到知识、信息及经验的限制,人们在表达意见时通常具有一定的不确定性,从而表达不确定意见。同时,面对不确定意见,不同的个体往往会表现出不同的不确定容忍程度。此外不确定意见的表达往往在一个社会网络上进行演化,从而形成不确定舆情。在考虑不确定意见和不确定容忍以及社会网络的背景下,本章提出了利用社会网络不确定 DeGroot 舆情演化模型来调查不确定舆情的演化过程。首先,进行了理论分析并提出了识别算法,找出舆情中意见最终会形成稳定状态的稳定个体,以及意见始终不能够形成稳定状态的波动个体。其次,研究了所有稳定个体最终达成共识的条件,并对波动个体的意见波动范围进行了估计。最后,通过数值算例分析,展现了理论和算法的合理性和有效性。

第 3 章为社会网络结构对不确定 HK 舆情演化的影响。基于 HK 边界信任

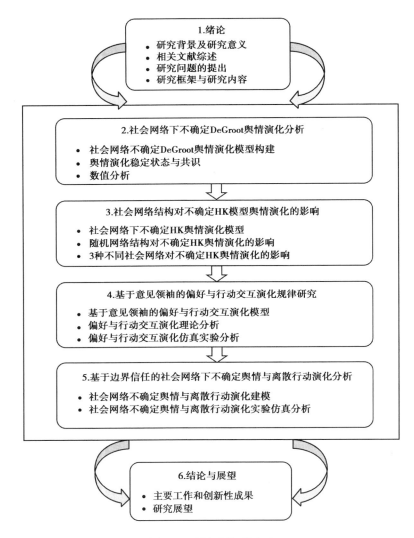

图 1.2　研究框架及内容

模型,通过考虑不确定意见和不确定容忍,本章调查了社会网络结构对不确定 HK 舆情演化的影响。首先,利用 0~1 变化范围内的数值区间意见定义了不确定意见,建立的社会网络不确定 HK 舆情演化(SNUHK)模型。其次,利用不同群体规模和网络连接概率的 ER 无向随机网络定义了不同的社会网络结构,并通过详细的仿真实验,基于稳定时刻的稳定时间、聚类数量、极小类比例、不确定意见比例、不确定意见平均宽度这 5 个指标调查不同社会网络结构(群体的规模和网络连接概率)对不确定舆情演化的影响。接着,通过理论分析和数值实例分析,研究了 SNUHK 模型中每个时刻个体表达不确定意见比例和不确定意见平均宽度的演化规律。最后,利用仿真实验分析还调查了在相同网络个体规模和网络平均度下 ER 随机网络、WS 小世界网络和 BA 无标度网络这 3 种不同网络结构对不确定舆情演化在稳定时刻不确定意见比例和不确定意见平均宽度的影响。

第 4 章为基于意见领袖的偏好与行动交互演化规律研究。传统的舆情动力学研究仅考虑了个体偏好在网络中的演化,却忽视了个体的行动对偏好演化的重要影响,且少有研究关注意见领袖对个体偏好演化过程产生的引导作用。为弥补以往研究的不足,本章提出了基于意见领袖的偏好与行动交互演化模型,并研究了不同意见领袖条件下个体偏好与行动的稳定与共识情况。通过理论分析研究了基于意见领袖的偏好与行动交互演化规律,并利用数值分析证明了理论的科学性和有效性。研究结果表明,在社会网络偏好与行动的交互演化过程中,若所有个体都能够根据其他个体的行动准确估计其他个体的偏好,那么所有个体都是稳定个体。与此同时,若网络中存在意见领袖,那么所有个体都能达成共识并产生一致行动;若网络中不存在意见领袖,通过网络划分和算法划分出的各子网中的个体都能达成共识并产生一致行动。研究成果可为网络舆情意见领袖识别,引导群体偏好和行动演化提供决策支持。

第 5 章为基于边界信任的社会网络下不确定舆情与离散行动演化分析。在现实生活中存在这样一种情形,当个体与其他个体之间有网络连接时,那么个体可以通过网络与其他有连接的个体进行意见的交流,从而获得其他个体的意见,并基于获得的意见来更新自身下一个时刻的意见;否则个体只能通过观察其他个体的行动,并利用观察到的行动值来更新个体自身在下一个时刻的意见。意见和行动的演化往往受社会网络的影响。本章通过建立社会网络不确定舆情与离散行动演化模型,利用 ER 随机网络有向图定义了不同的社会网络结构,调查了不同社会网络结构(个体的规模和网络连接概率)对不确定舆情和离散行动演化的影响。

第 6 章为结论与展望。总结了本书的主要创新性研究工作和研究成果,并提出未来的研究方向[190-201]。

# 2 社会网络下不确定 DeGroot 舆情演化分析

当人们遇到复杂问题或事件时,他们往往不能够表达精确意见,而是表达不确定意见,并且不确定意见往往在一个社会网络上进行演化,从而形成不确定舆情。在考虑不确定意见和不确定容忍以及社会网络的背景下,本章提出了利用社会网络不确定 DeGroot 舆情演化模型来调查不确定舆情的演化规律。首先,对意见领袖的意见的稳定和共识条件进行了理论分析;其次,提出了识别算法,找出舆情演化过程中,意见最终会形成稳定状态的稳定个体,以及意见始终不能够形成稳定状态的波动个体;再次,研究了所有稳定个体最终达成共识的条件,并对波动个体的意见波动范围进行了估计;最后,通过数值分析,展现了理论和算法的合理性和有效性。本章内容主要分为以下 5 个部分:(1)预备知识;(2)社会网络不确定 DeGroot 舆情演化建模;(3)舆情演化稳定状态与共识;(4)数值分析;(5)本章小结。

## 2.1 预备知识

这部分介绍社会网络不确定 DeGroot 舆情演化建模的预备知识:社会网络有向图和社会网络 DeGroot 模型。

### 2.1.1 社会网络有向图

社会网络有向图的基本定义可以参考相关文献[13]。

**定义 1** 让 $G(V,E)$ 表示社会网络有向图，$V=\{v_1,v_2,\cdots,v_n\}$ 表示图中节点的集合，$E$ 表示成对节点间有向边的集合。特别的，集合 $E$ 和 $V$ 均为有限集合，且 $V$ 非空集。

**定义 2** 让 $A=(a_{ij})_{n\times n}$ 表示社会网络有向图 $G(V,E)$ 的邻接矩阵，当从节点 $v_i$ 到节点 $v_j$ 之间有连边时，那么 $a_{ij}=1$，否则 $a_{ij}=0$，即：$a_{ij}=\begin{cases}1, & (v_i,v_j)\in E \\ 0, & (v_i,v_j)\notin E\end{cases}$。

**定义 3** 让社会网络有向图 $G(V,E)$ 中的有向序列边 $(v_{i_1},v_{i_2})$，$(v_{i_2},v_{i_3})$，$\cdots$，$(v_{i_{n-1}},v_{i_n})$ 称作节点 $v_{i_1}$ 到节点 $v_{i_n}$ 之间的有向路径。当从节点 $v_{i_1}$ 到节点 $v_{i_n}$ 之间存在至少一条有向路径时，称作节点 $v_{i_1}$ 可达节点 $v_{i_n}$，记作：$v_{i_1}\rightarrow v_{i_n}$。

**定义 4** 让 $P=(p_{ij})_{n\times n}$ 表示社会网络有向图 $G(V,E)$ 中的可达矩阵，当节点 $v_i$ 到节点 $v_j$ 之间有可达路径时，那么 $p_{ij}=1$，否则 $p_{ij}=0$，即 $p_{ij}=\begin{cases}1, & v_i\rightarrow v_j \\ 0, & 其他\end{cases}$。

一般而言，可以通过 Warshall 算法[13]获得可达矩阵，且时间复杂度为 $O(n^3)$。

## 2.1.2 社会网络 DeGroot 模型

人们常常表达他们的意见在一个社会网络上，Dong 等人[13]调查了社会网络 DeGroot 模型。其中有向图 $G(V,E)$ 表示社会网络，$V=\{v_1,v_2,\cdots,v_n\}$ 表示个体的集合，$E$ 表示有向边。有向边表示个体之间的有向关系，如从个体 $v_i$ 到个体 $v_j$ 之间的有向边 $(v_i,v_j)\in E$ 表示个体 $v_i$ 信任个体 $v_j$ 的意见来形成下一时刻的意见。假设 $G(V,E)$ 是无自环和平行边的简单有向图。让 $A=(a_{ij})_{n\times n}$ 表示简单社会网络有向图 $G(V,E)$ 的邻接矩阵。让 $x_i(t)\in R$ 表示个体 $v_i$ 在 $t$ 时刻的意见。个体 $v_i$ 信任自身意见的权重为 $\beta_i\in(0,1)$，他或她分配给其他个体的权重为 $(1-\beta_i)$。让 $w_{ij}$ 表示个体 $v_i$ 信任其他个体 $v_j$ 的权重，其中 $j\neq i$，那么 $\sum_{j\neq i}w_{ij}=1-\beta_i$。当个体之间在社会网络有向图 $G(V,E)$ 上相互交互意见时，那么个体 $v_i$

信任个体 $v_j$ 的权重可表示为：

$$w_{ij} = \frac{(1 - \beta_i) a_{ij}}{(\sum\limits_{j=1, j \neq i}^{n} a_{ij})}。 \tag{2.1}$$

特别地，如果个体 $v_i$ 是孤立点，或者没有任何一条边从个体 $v_i$ 指向任意其他个体 $v_j$，那么个体 $v_i$ 的意见不会与任何其他个体交互，此时个体 $v_i$ 在社会网络上只信任其自身。

基于方程(1.1)和方程(2.1)，个体 $v_i$ 的意见演化社会网络 DeGroot 模型可以描述为：

$$x_i(t + 1) = \beta_i x_i(t) + \sum\limits_{j=1, j \neq i}^{n} w_{ij} \times x_j(t), t = 0, 1, 2, \cdots \tag{2.2}$$

因为 $\beta_i$ 和 $w_{ij}(j \neq i)$ 不会随着时间或意见的改变而改变，故方程(2.2)也是一个 DeGroot 模型，称为社会网络 DeGroot 模型，简写为 SNDG 模型。

**定义 5**  假设在社会网络 $G(V, E)$ 上，任意的个体 $v_i$ 可达个体 $v_k$，那么个体 $v_k$ 就是这个社会网络上的意见领袖，即：$\{v_k \mid v_i \rightarrow v_k$，对所有个体 $v_i \in V/\{v_k\}\}$。如果个体不是意见领袖，那么称为随众。

让 $V_G^{\text{leader}}$ 和 $V_G^{\text{follower}}$ 分别表示社会网络 $G(V, E)$ 上意见领袖和随众的集合。

**引理 1**  当意见领袖的集合非空集时($V_G^{\text{leader}} \neq \varnothing$)，那么社会网络 $G(V, E)$ 上所有的个体都能达成共识，且共识意见可以用意见领袖初始意见的线性组合来表示 $\left( c = \sum\limits_{v_i \in V_G^{\text{leader}}} \lambda_i x_i(0), \lambda_i > 0 \right)$。

明显地：当意见领袖的集合为空集时($V_G^{\text{leader}} = \varnothing$)，社会网络 $G(V, E)$ 上所有的个体不能达成共识。

当意见领袖的集合为空集时($V_G^{\text{leader}} = \varnothing$)，可以用时间复杂度为 $O(n^3)$ 的网络划分算法[13]，将社会网络 $G(V, E)$ 划分为多个子网 $M = \{G^{(1)}(V^{(1)}, E^{(1)}), G^{(2)}(V^{(2)}, E^{(2)}), \cdots, G^{(l)}(V^{(l)}, E^{(l)})\}$。子网 $G^{(i)}(V^{(i)}, E^{(i)})$ $(i = 1, 2, \cdots, l)$ 的划分满足以下 3 个条件：

a. 完备性：$V = \bigcup_{i=1}^{l} V^{(i)}$。完备性保证了社会网络 $G(V,E)$ 经过网络划分后，网络上的个体总数保持不变。

b. 共识性：对于任意的子网 $G^{\tau}(V^{\tau}, E^{\tau}) \in M$，都有 $V_{G(\tau)}^{\text{leader}} \neq \varnothing$。共识性保证了任意一个子网中的个体集合都能够达成共识。

c. 无交性：让 $G^{(\tau)}(V^{(\tau)}, E^{(\tau)})$ 和 $G^{(s)}(V^{(s)}, E^{(s)})$ 表示子网集合 $M = \{G^{(1)}(V^{(1)}, E^{(1)}), \cdots, G^{(l)}(V^{(l)}, E^{(l)})\}$ 中的任意两个子网，即 $G^{(\tau)} \in M$ 和 $G^{(s)} \in M$，让 $G^{(\tau,s)} = G^{(\tau)} \cup G^{(s)}$ 表示这两个不同的子网的并集，即：$V^{(\tau,s)} = V^{(\tau)} \cup V^{(s)}$，$E^{(\tau,s)} = \{(v_i, v_j) \mid (v_i, v_j) \in E; v_i, v_j \in V^{(\tau,s)}\}$，那么 $V_{G(\tau,s)}^{\text{leader}} = \varnothing$。无交性保证了任意两个子网的意见领袖的集合之间的交集为空。

## 2.2　社会网络不确定 DeGroot 舆情演化建模

当人们面对政策、产品、事件等复杂问题表达他们的意见时，他们往往不能够提供精确的意见，而是表达不确定意见[134,188-191]，如数值区间意见[134]。不确定意见的演化往往导致了不确定舆情的出现。因此基于 SNDG 模型和不确定意见，本节对社会网络不确定 DeGroot 舆情演化进行建模，简称 SNUDG 模型。在 SNUDG 模型中，个体在社会网络上利用精确数值表达精确意见，利用区间数值表达不确定意见。

与 SNDG 模型相同，让 $G(V,E)$ 表示社会网络，$V = \{v_1, v_2, \cdots, v_n\}$ 表示网络上个体的集合，$E$ 表示个体之间的有向边集合，$A = (a_{ij})_{n \times n}$ 表示邻接矩阵。让 $\overline{X}(t) = (\overline{x}_1(t), \overline{x}_2(t), \cdots, \overline{x}_n(t))^{\mathrm{T}}$ 表示所有个体在 $t$ 时刻的意见集，其中 $\overline{x}_i(t) = [\overline{x}_i^L(t), \overline{x}_i^U(t)] \subseteq [0,1]$（$\overline{x}_i^L(t) \leqslant \overline{x}_i^U(t)$）表示个体 $v_i$（$i = 1, 2, \cdots, n$）在 $t$ 时刻的意见。让 $d_i(t)$ 表示个体 $v_i$ 在 $t$ 时刻的意见宽度，即：

$$d_i(t) = \overline{x}_i^U(t) - \overline{x}_i^L(t) \geqslant 0 \qquad (2.3)$$

明显地，$d_i(t) > 0$ 表示个体 $v_i$ 在 $t$ 时刻表达不确定意见，$d_i(t) = 0$ 表示个体

$v_i$ 在 $t$ 时刻表达精确意见。

个体 $v_i$ 信任自身的权重用 $\beta_i \in (0,1)$ 表示,其分配给其他个体的权重为 $(1-\beta_i)$。让 $w_{ij}$ 表示个体 $v_i$ 信任个体 $v_j$ 的权重,那么 $\sum_{j \neq i} w_{ij} = 1 - \beta_i$。 如果个体之间在社会网络上进行意见的交互,那么 $w_{ij}$ 可以通过式(2.1)获得。

由于个体之间文化背景和性格特征的不同,人们在面对不确定意见时常常表现出不同的不确定容忍[134]。为了简化,将个体分为两类:①不确定容忍个体;②精确偏好个体。

不确定容忍个体既可以与精确意见进行直接交流,又可以与不确定意见直接进行交流;而精确偏好个体则只喜欢与精确意见进行交流。因此当面对不确定意见时,精确偏好个体将根据不确定意见提供一个精确估计。为了符号简化,让 $V^u$ 表示不确定容忍个体的集合,$V^w$ 表示精确偏好个体的集合,那么 $V^u \cup V^w = V$ 且 $V^u \cap V^w = \varnothing$。

情形 A:让个体 $v_i \in V^u$,那么个体 $v_i$ 将基于意见 $[\bar{x}_j^L(t), \bar{x}_j^U(t)]$ $(j=1,2,\cdots,n; j \neq i)$ 直接更新其自身的意见。让 $[\bar{x}_i^L(t+1), \bar{x}_i^U(t+1)]$ 表示个体 $v_i$ 在 $t+1$ 时刻的意见,那么:

$$\bar{x}_i^L(t+1) = \beta_i \bar{x}_i^L(t) + \sum_{j \neq i} w_{ij} \bar{x}_j^L(t), v_i \in V^u, \tag{2.4}$$

$$\bar{x}_i^U(t+1) = \beta_i \bar{x}_i^U(t) + \sum_{j \neq i} w_{ij} \bar{x}_j^U(t), v_i \in V^u。 \tag{2.5}$$

情形 B:让个体 $v_i \in V^w$。那么当面对不确定意见 $[\bar{x}_j^L(t), \bar{x}_j^U(t)]$ $(\bar{x}_j^L(t) < \bar{x}_j^U(t))$ 时,个体 $v_i$ 将提供一个精确估计 $f_{ij}(t)$ 且 $f_{ij}(t) \in [\bar{x}_j^L(t), \bar{x}_j^U(t)]$。特别地,精确估计 $f_{ij}(t)$ 在本章的理论分析和实验仿真分析中都是从 $[\bar{x}_j^L(t), \bar{x}_j^U(t)]$ 中均匀随机选取。当 $\bar{x}_j^L(t) = \bar{x}_j^U(t)$ 时,显然 $f_{ij}(t) = \bar{x}_j^L(t) = \bar{x}_j^U(t)$。同样地,让 $[\bar{x}_i^L(t+1), \bar{x}_i^U(t+1)]$ 表示个体 $v_i$ 在 $t+1$ 时刻的意见,那么:

$$\bar{x}_i^L(t+1) = \beta_i \bar{x}_i^L(t) + \sum_{j \neq i} w_{ij} f_{ij}(t), v_i \in V^w, \tag{2.6}$$

$$\bar{x}_i^U(t+1) = \beta_i \bar{x}_i^U(t) + \sum_{j \neq i} w_{ij} f_{ij}(t), v_i \in V^w。 \tag{2.7}$$

# 2.3　舆情演化稳定状态与共识

本节将基于 SNUDG 模型通过理论分析调查不确定舆情演化的稳定状态与共识。特别地,我们将提出识别算法来找出意见始终波动的个体和意见最终稳定的个体,并讨论稳定个体的共识达成条件。

## 2.3.1　意见领袖的稳定与共识

为了研究 SNUDG 模型中舆情的稳定状态,首先在定义 6 中定义稳定个体和波动个体。

**定义 6**　对于任意的初始意见 $\bar{x}_i(0) = [\bar{x}_i^L(0), \bar{x}_i^U(0)] \subseteq [0,1]$($i = 1, 2, \cdots, n$),如果存在稳定的区间 $[a_i^L, a_i^U] \subseteq [0,1]$ 使得 $\lim\limits_{t \to \infty} \bar{x}_i^L(t) = a_i^L$ 且 $\lim\limits_{t \to \infty} \bar{x}_i^U(t) = a_i^U$,那么个体 $v_i$ 称作稳定个体。否则,个体 $v_i$ 称作波动个体。

让 $V_S$ 表示稳定个体的集合,$V_O$ 表示波动个体的集合,那么 $V_S \cup V_O = V$ 且 $V_S \cap V_O = \varnothing$。

**定理 1**　当社会网络 $G(V,E)$ 上意见领袖的集合为非空集合时,即 $V_G^{\text{leader}} \neq \varnothing$,那么:

(1) $V_G^{\text{leader}} \subseteq V_S$;

(2) 对于任意的个体 $v_i \in V_G^{\text{leader}}$,有 $\lim\limits_{t \to \infty} \bar{x}_i^L(t) = c_{\text{leader}}^L$ 且 $\lim\limits_{t \to \infty} \bar{x}_i^U(t) = c_{\text{leader}}^U$,其中 $[c_{\text{leader}}^L, c_{\text{leader}}^U] \subset [0,1]$。$[c_{\text{leader}}^L, c_{\text{leader}}^U]$ 被称为意见领袖的共识意见。

(3) $[c_{\text{leader}}^L, c_{\text{leader}}^U] \subseteq \left[ \sum\limits_{v_i \in V_G^{\text{leader}}} \lambda_i \bar{x}_i^L(0), \sum\limits_{v_i \in V_G^{\text{leader}}} \lambda_i \bar{x}_i^U(0) \right]$,其中 $\lambda_i > 0$ 且 $\sum\limits_{i=1}^n \lambda_i = 1$。

证明:

当意见领袖的集合非空时($V_G^{\text{leader}} \neq \varnothing$),根据意见领袖的定义,没有一个意见领袖可达随众,故意见领袖的意见不会受随众意见的影响。因此,当分析意见领袖的意见演化时,不考虑随众意见的演化是合理的。

让 $V_{\mathrm{G}}^{\mathrm{leader}} = \{L_1, L_2, \cdots, L_m\}$ 表示社会网络 $G(V, E)$ 上意见领袖的集合,其中意见领袖的个数为 $m$。让 $V_{\mathrm{leader}(u)}(0)$ 表示初始意见为不确定意见的意见领袖的集合,$V_{\mathrm{leader}(0)}(0)$ 表示初始意见为精确意见的意见领袖的集合,那么 $V_{\mathrm{leader}(0)}(0)$ $\cup V_{\mathrm{leader}(u)}(0) = V_{\mathrm{G}}^{\mathrm{leader}}$ 且 $V_{\mathrm{leader}(0)}(0) \cap V_{\mathrm{leader}(u)}(0) = \varnothing$。

让 $\overline{\boldsymbol{X}}_{\mathrm{leader}}(0)$ 表示所有意见领袖的初始意见向量,$\overline{\boldsymbol{X}}_{\mathrm{leader}(u)}(0)$ 表示表达不确定意见的意见领袖 $V_{\mathrm{leader}(u)}(0)$ 的初始意见向量,$\overline{\boldsymbol{X}}_{\mathrm{leader}(0)}(0)$ 表示表达精确意见的意见领袖 $V_{\mathrm{leader}(0)}(0)$ 的初始意见向量。

让 $V_{\mathrm{G}}^{\mathrm{leader}(w)}$ 表示精确偏好的意见领袖集合,$V_{\mathrm{G}}^{\mathrm{leader}(u)}$ 表示不确定容忍的意见领袖集合,其中 $V_{\mathrm{G}}^{\mathrm{leader}(w)} \cup V_{\mathrm{G}}^{\mathrm{leader}(u)} = V_{\mathrm{G}}^{\mathrm{leader}}$ 且 $V_{\mathrm{G}}^{\mathrm{leader}(w)} \cap V_{\mathrm{G}}^{\mathrm{leader}(u)} = \varnothing$。

社会网络 $G(V, E)$ 上所有的意见领袖 $V_{\mathrm{G}}^{\mathrm{leader}}$ 可以分为以下 3 种情形:① $V_{\mathrm{leader}(u)}(0) = \varnothing$;② $V_{\mathrm{leader}(u)}(0) \neq \varnothing$ 且 $V_{\mathrm{G}}^{\mathrm{leader}(w)} = \varnothing$;③ $V_{\mathrm{leader}(u)}(0) \neq \varnothing$ 且 $V_{\mathrm{G}}^{\mathrm{leader}(w)}$ $\neq \varnothing$。

情形 1:$V_{\mathrm{leader}(u)}(0) = \varnothing$。

① 当 $m = 1$ 时,$V_{\mathrm{G}}^{\mathrm{leader}} = \{L_1\}$。让 $\overline{x}_{L_1}(0) = [\overline{x}_{L_1}^L(0), \overline{x}_{L_1}^U(0)]$ 表示意见领袖的初始意见。因为 $V_{\mathrm{leader}(u)}(0) = \varnothing$,故 $\overline{x}_{L_1}^L(0) = \overline{x}_{L_1}^U(0)$。由于社会网络上只有一个意见领袖,所以意见领袖只信任自身的意见,故:

$$\overline{x}_{L_1}(t+1) = \overline{x}_{L_1}(t) = \cdots = \overline{x}_{L_1}(0), t = 1, 2, \cdots \tag{2.8}$$

$$\lim_{t \to \infty} \overline{x}_{L_1}^L(t) = \overline{x}_{L_1}^L(0) \text{ 且 } \lim_{t \to \infty} \overline{x}_{L_1}^U(t) = \overline{x}_{L_1}^U(0) \tag{2.9}$$

因此,$L_1 \in V_{\mathrm{S}}$,$[c_{\mathrm{leader}}^L, c_{\mathrm{leader}}^U] = [\overline{x}_{L_1}^L(0), \overline{x}_{L_1}^U(0)]$ 且 $c_{\mathrm{leader}}^L = c_{\mathrm{leader}}^U$。

② 当 $m \geq 2$ 时。对于任意的意见领袖 $L_i \in V_{\mathrm{G}}^{\mathrm{leader}}(i = 1, 2, \cdots, m)$,让 $\overline{x}_{L_i}(0) = [\overline{x}_{L_i}^L(0), \overline{x}_{L_i}^U(0)]$ 表示意见领袖的初始意见。意见领袖 $L_i$ 信任自身意见的权重为 $\beta_{L_i} \in (0, 1)$,分配给其他意见领袖的权重为 $(1 - \beta_{L_i})$。让 $L_j \in V_{\mathrm{G}}^{\mathrm{leader}}(j \in \{1, 2, \cdots, m\}, i \neq j)$,根据式 $(2.1)$ 可以获得意见领袖 $L_i$ 信任意见领袖 $L_j$ 的权重 $w_{L_i L_j}$。

因为 $V_{\text{leader}(u)}(0) = \varnothing$，如果 $L_i \in V_G^{\text{leader}(w)}$，那么 $f_{L_iL_j}(t) = \overline{x}_{L_j}^L(t) = \overline{x}_{L_j}^U(t)$。因此，根据式（2.4）和式（2.6），对于每个意见领袖 $L_i(i=1,2,\cdots,m)$（$L_i \in V^w$ 或 $L_i \in V^u$），其左边意见的演化可描述为：

$$\overline{x}_{L_i}^L(t+1) = \beta_{L_i}\overline{x}_{L_i}^L(t) + \sum_{j=1,j\neq i}^{m} w_{L_iL_j} \times \overline{x}_{L_i}^L(t) \text{。} \tag{2.10}$$

式（2.10）能够写为：

$$\overline{X}_{\text{leader}}^L(t+1) = \boldsymbol{B} \times \overline{X}_{\text{leader}}^L(t), t=0,1,2,\cdots, \tag{2.11}$$

其中

$$\boldsymbol{B} = \begin{bmatrix} \beta_{L_1} & w_{L_1L_2} & \cdots & w_{L_1L_m} \\ w_{L_2L_1} & \beta_{L_2} & \cdots & w_{L_2L_m} \\ \vdots & \vdots & & \vdots \\ w_{L_mL_1} & w_{L_mL_2} & \cdots & \beta_{L_m} \end{bmatrix} \tag{2.12}$$

根据马尔科夫理论和矩阵理论，由于矩阵 $\boldsymbol{B}$ 是行随机矩阵，故：

$$\lim_{t\to\infty} \boldsymbol{B}^t = \begin{bmatrix} a_1, & a_2, & \cdots, & a_m \\ a_1, & a_2, & \cdots, & a_m \\ \vdots & \vdots & & \vdots \\ a_1, & a_2, & \cdots, & a_m \end{bmatrix} \text{。} \tag{2.13}$$

那么，存在一个时间 $t_0$，当 $t \geq t_0$ 时，$\boldsymbol{B}^{t+1} = \boldsymbol{B}^t = \begin{bmatrix} a_1, & a_2, & \cdots, & a_m \\ a_1, & a_2, & \cdots, & a_m \\ \vdots & \vdots & & \vdots \\ a_1, & a_2, & \cdots, & a_m \end{bmatrix}$。因为

$\boldsymbol{B}^t$ 是一个行随机矩阵，并且只考虑意见领袖意见的演化，故：

$$
\lim_{t\to\infty}\overline{\boldsymbol{X}}_{\text{leader}}^{L}(t)=\lim_{t\to\infty}\boldsymbol{B}^{t}\overline{\boldsymbol{X}}_{\text{leader}}^{L}(0)=\begin{bmatrix}a_{1}, & a_{2}, & \cdots, & a_{m}\\ a_{1}, & a_{2}, & \cdots, & a_{m}\\ \vdots & \vdots & & \vdots\\ a_{1}, & a_{2}, & \cdots, & a_{m}\end{bmatrix}\begin{pmatrix}\overline{x}_{L_{1}}^{L}(0)\\ \overline{x}_{L_{2}}^{L}(0)\\ \vdots\\ \overline{x}_{L_{m}}^{L}(0)\end{pmatrix}=\begin{pmatrix}\displaystyle\sum_{i=1}^{m}a_{i}\overline{x}_{L_{i}}^{L}(0)\\ \displaystyle\sum_{i=1}^{m}a_{i}\overline{x}_{L_{i}}^{L}(0)\\ \vdots\\ \displaystyle\sum_{i=1}^{m}a_{i}\overline{x}_{L_{i}}^{L}(0)\end{pmatrix}。
$$

$$(2.14)$$

因此,对于任意的意见领袖 $L_{i}(i=1,2,\cdots,m)$,可得:

$$
\lim_{t\to\infty}\overline{x}_{L_{i}}^{L}(t)=\sum_{i=1}^{m}a_{i}\overline{x}_{L_{i}}^{L}(0)=c_{\text{leader}}^{L}。 \tag{2.15}
$$

同理,对于任意的意见领袖 $L_{i}(i=1,2,\cdots,m)$,可得:

$$
\lim_{t\to\infty}\overline{x}_{L_{i}}^{U}(t)=\sum_{i}^{m}\overline{x}_{L_{i}}^{U}(0)=c_{\text{leader}}^{U}。 \tag{2.16}
$$

因此,$L_{i}\in V_{\text{G}}^{\text{leader}}\subseteq V_{\text{S}}$。

因为 $\overline{x}_{L_{j}}^{L}(0)=\overline{x}_{L_{j}}^{U}(0)(j=1,2,\cdots,m)$,故:

$$
[c_{\text{leader}}^{L},c_{\text{leader}}^{U}]=\left[\sum_{L_{i}\in V_{\text{G}}^{\text{leader}}}a_{i}\overline{x}_{L_{i}}^{L}(0),\sum_{L_{i}\in V_{\text{G}}^{\text{leader}}}a_{i}\overline{x}_{L_{i}}^{U}(0)\right], \tag{2.17}
$$

其中,$c_{\text{leader}}^{L}=c_{\text{leader}}^{U}$ 且 $\sum_{i=1}^{m}a_{i}=1,a_{i}>0,i=1,2,\cdots,m$。

情形 2:$V_{\text{leader}(u)}(0)\ne\varnothing$ 且 $V_{\text{G}}^{\text{leader}(w)}=\varnothing$。

①当 $m=1$,$V_{\text{G}}^{\text{leader}}=\{L_{1}\}$。让 $\overline{x}_{L_{1}}(0)=[\overline{x}_{L_{1}}^{L}(0),\overline{x}_{L_{1}}^{U}(0)]$ 表示意见领袖的初始意见。由于 $V_{\text{leader}(u)}(0)\ne\varnothing$,故 $\overline{x}_{L_{1}}^{L}(0)<\overline{x}_{L_{1}}^{U}(0)$。与情形 1①同理,可得 $L_{1}\in V_{\text{S}}$,$[c_{\text{leader}}^{L},c_{\text{leader}}^{U}]=[\overline{x}_{L_{1}}^{L}(0),\overline{x}_{L_{1}}^{U}(0)]$ 且 $c_{\text{leader}}^{L}<c_{\text{leader}}^{U}$。

②当 $m\ge2$,让 $V_{\text{G}}^{\text{leader}}=\{L_{1},L_{2},\cdots,L_{m}\}$。因为 $V_{\text{G}}^{\text{leader}(w)}=\varnothing$,故对于任意的意见领袖 $L_{i}\in V_{\text{G}}^{\text{leader}}(i=1,2,\cdots,m)$,根据式(2.4)和式(2.5),与情形 1②同理可得:$L_{i}\in V_{\text{G}}^{\text{leader}}\subseteq V_{\text{S}}$。

因为 $V_{\text{leader}(u)}(0) \neq \varnothing$，故存在 $L_i \in V_G^{\text{leader}}$，$\bar{x}_{L_i}^L(0) < \bar{x}_{L_i}^U(0)$ $(i = 1, 2, \cdots, m)$，可得：

$$[c_{\text{leader}}^L, c_{\text{leader}}^U] = [\sum_{L_i \in V_G^{\text{leader}}} a_i \bar{x}_{L_i}^L(0), \sum_{L_i \in V_G^{\text{leader}}} a_i \bar{x}_{L_i}^U(0)], \qquad (2.18)$$

其中 $c_{\text{leader}}^L < c_{\text{leader}}^U$ 且 $\sum_{i=1}^m a_i = 1, a_i > 0, i = 1, 2, \cdots, m$。

情形 3：$V_{\text{leader}(u)}(0) \neq \varnothing$ 且 $V_G^{\text{leader}(w)} \neq \varnothing$。

① 当 $m = 1$，$V_G^{\text{leader}} = \{L_1\}$。明显地，$L_1 \in V_S$，$[c_{\text{leader}}^L, c_{\text{leader}}^U] = [\bar{x}_{L_1}^L(0), \bar{x}_{L_1}^U(0)]$，$c_{\text{leader}}^L < c_{\text{leader}}^U$。

② 当 $m \geq 2$，对于任意的意见领袖 $L_i \in V_G^{\text{leader}}$ $(i = 1, 2, \cdots, m)$，让 $\bar{x}_{L_i}(0) = [\bar{x}_{L_i}^L(0), \bar{x}_{L_i}^U(0)]$ 表示意见领袖的初始意见。让 $V_G^{\text{leader}(u)} = \{L_1, L_2, \cdots, L_h\}$，$V_G^{\text{leader}(0)} = \{L_{h+1}, L_{h+2}, \cdots, L_k\}$，根据式（2.4）—式（2.7），可得：

$$d_{L_1}(t+1) = \beta_{L_1} d_{L_1}(t) + w_{L_1 L_2} d_{L_2}(t) + \cdots + w_{L_1 L_h} d_{L_h}(t) + w_{L_1 L_{h+1}} d_{L_{h+1}}(t) + \cdots + w_{L_1 L_m} d_{L_m}(t);$$

$$d_{L_2}(t+1) = w_{L_2 L_1} d_{L_1}(t) + \beta_{L_2} d_{L_2}(t) + \cdots + w_{L_2 L_h} d_{L_h}(t) + w_{L_2 L_{h+1}} d_{L_{h+1}}(t) + \cdots + w_{L_2 L_m} d_{L_m}(t);$$

$$\vdots$$

$$d_{L_h}(t+1) = w_{L_h L_1} d_{L_1}(t) + w_{L_h L_2} d_{L_2}(t) + \cdots + \beta_{L_h} d_{L_h}(t) + w_{L_h L_{h+1}} d_{L_{h+1}}(t) + \cdots + w_{L_h L_m} d_{L_m}(t);$$

$$d_{L_{h+1}}(t+1) = \beta_{L_{h+1}} d_{L_{h+1}}(t);$$

$$\vdots$$

$$d_{L_m}(t+1) = \beta_{L_m} d_{L_m}(t).$$

$$(2.19)$$

因为 $V_G^{\text{leader}(w)} \neq \varnothing$，那么式（2.19）可以分为以下两种类型：a. $V_G^{\text{leader}(w)} \neq \varnothing$ 且 $V_G^{\text{leader}(u)} = \varnothing$；b. $V_G^{\text{leader}(w)} \neq \varnothing$ 且 $V_G^{\text{leader}(u)} \neq \varnothing$。

类型 a. $V_G^{\text{leader}(w)} \neq \varnothing$ 且 $V_G^{\text{leader}(u)} = \varnothing$。

当 $V_G^{\text{leader}(u)} = \varnothing$，那么 $h = 0$，根据式（2.19），可得：

$$
\begin{bmatrix}
d_{L_1}(t+1) \\
d_{L_2}(t+1) \\
\vdots \\
d_{L_m}(t+1)
\end{bmatrix}
=
\begin{bmatrix}
\beta_{L_1} & 0 & \cdots & 0 \\
0 & \beta_{L_2} & \cdots & 0 \\
\vdots & \vdots & & \vdots \\
0 & 0 & \cdots & \beta_{L_m}
\end{bmatrix}
\begin{bmatrix}
d_{L_1}(t) \\
d_{L_2}(t) \\
\vdots \\
d_{L_m}(t)
\end{bmatrix}
\tag{2.20}
$$

因为 $\beta_{L_i} \in (0,1)$，$i \in \{1,2,\cdots,m\}$，故 $d_{L_i}(t+1) < d_{L_i}(t)$。由于 $d_{L_i}(t) \geqslant 0$，$L_i \in V_G^{\text{leader}(w)}$，因此 $\{d_{L_i}(t)\}$ 是随着时间 $t$ 的增加而单调递减且有下界的序列。那么存在一个数值 $M$，当迭代的次数超过 $M$ 次时 $(t \geqslant M)$，对于每个意见领袖 $L_i \in V_G^{\text{leader}(w)}$ $(i=1,2,\cdots,m)$ 可得：

$$
(\beta_{L_i})^t = 0。
\tag{2.21}
$$

因此，

$$
d_{L_i}(t) = 0 \, (t \geqslant M)
\tag{2.22}
$$

类型 $b$：$V_G^{\text{leader}(w)} \neq \varnothing$ 且 $V_G^{\text{leader}(u)} \neq \varnothing$。

当 $V_G^{\text{leader}(w)} \neq \varnothing$ 且 $V_G^{\text{leader}(u)} \neq \varnothing$，那么 $0 < h < m$，根据式 $(2.19)$ 可得：

$$
\begin{bmatrix}
d_{L_1}(t+1) \\
d_{L_2}(t+1) \\
\vdots \\
d_{L_h}(t+1) \\
d_{L_{h+1}}(t+1) \\
\vdots \\
d_{L_m}(t+1)
\end{bmatrix}
=
\begin{bmatrix}
\beta_{L_1} & w_{L_1 L_2} & \cdots & w_{L_1 L_h} & w_{L_1 L_{h+1}} & \cdots & w_{L_1 L_m} \\
w_{L_2 L_1} & \beta_{L_2} & \cdots & w_{L_2 L_h} & w_{L_2 L_{h+1}} & \cdots & w_{L_2 L_m} \\
\vdots & \vdots & & \vdots & \vdots & & \vdots \\
w_{L_h L_1} & w_{L_h L_2} & \cdots & \beta_{L_h} & w_{L_h L_{h+1}} & \cdots & w_{L_h L_m} \\
0 & 0 & \cdots & 0 & \beta_{L_{h+1}} & \cdots & 0 \\
\vdots & \vdots & & \vdots & \vdots & & \vdots \\
0 & 0 & \cdots & 0 & 0 & \cdots & \beta_{L_m}
\end{bmatrix}
\begin{bmatrix}
d_{L_1}(t) \\
d_{L_2}(t) \\
\vdots \\
d_{L_h}(t) \\
d_{L_{h+1}}(t) \\
\vdots \\
d_{L_m}(t)
\end{bmatrix}
\tag{2.23}
$$

让 $\boldsymbol{D}(t+1) = [d_{L_1}(t+1), d_{L_2}(t+1), \cdots, d_{L_m}(t+1)]^{\text{T}} (t \geqslant 0)$，

$$\boldsymbol{Q} = \begin{bmatrix} \beta_{L_1} & w_{L_1 L_2} & \cdots & w_{L_1 L_h} \\ w_{L_2 L_1} & \beta_{L_2} & \cdots & w_{L_2 L_h} \\ \vdots & \vdots & \vdots & \vdots \\ w_{L_h L_1} & w_{L_h L_2} & \cdots & \beta_{L_h} \end{bmatrix}, \boldsymbol{R} = \begin{bmatrix} w_{L_1 L_{h+1}} & \cdots & w_{L_1 L_m} \\ w_{L_2 L_{h+1}} & \cdots & w_{L_2 L_m} \\ \vdots & \vdots & \vdots \\ \beta_{L_h} & \cdots & w_{L_h L_m} \end{bmatrix}, \text{以及 } \boldsymbol{Y} = \begin{bmatrix} \beta_{L_{h+1}} & \cdots & 0 \\ \vdots & \vdots & \vdots \\ 0 & \cdots & \beta_{L_m} \end{bmatrix},$$

那么:

$$\boldsymbol{D}(t+1) = \begin{bmatrix} Q & R \\ 0 & Y \end{bmatrix} \boldsymbol{D}(t) \qquad (2.24)$$

让 $\boldsymbol{T} = \begin{bmatrix} Q & R \\ 0 & Y \end{bmatrix}$ , $\lim\limits_{q \to \infty} \boldsymbol{T}^q = \lim\limits_{q \to \infty} \begin{bmatrix} Q^{(q)} & R^{(q)} \\ 0 & Y^{(q)} \end{bmatrix}$ ,其中 $\boldsymbol{R}^{(q)} = \boldsymbol{Q}^{q-1}\boldsymbol{R} + \boldsymbol{Q}^{q-2}\boldsymbol{R}\boldsymbol{Y} + \cdots +$

$\boldsymbol{QRY}^{q-2} + \boldsymbol{RY}^{q-1}$ ,且对于任意的 $q>1$ ( $\boldsymbol{R}^{(1)} = \boldsymbol{R}$ ), $\boldsymbol{Q}^{(q)} = \boldsymbol{Q}^q$ , $\boldsymbol{Y}^{(q)} = \boldsymbol{Y}^{q[192]}$ 。

与式(2.21)同理,存在一个 $M$ ,当意见迭代次数超过 $M$ 次时( $t \geqslant M$ ),对于每一个意见领袖 $L_i \in V_G^{\text{leader}(w)}$ ( $i \in \{h+1, h+2, \cdots, m\}$ ),可得:

$$d_{L_{h+1}}(t) = d_{L_{h+2}}(t) = \cdots = d_{L_m}(t) = 0, \qquad (2.25)$$

$$\boldsymbol{D}(M) = \left[ d_{L_1}(M), d_{L_2}(M), \cdots, d_{L_h}(M), 0, 0, \cdots, 0 \right]^{\mathrm{T}}, \qquad (2.26)$$

且

$$Y^{(t)} = 0 \qquad (2.27)$$

对于每一个意见领袖 $L_i \in V_G^{\text{leader}(u)}$ , $i = 1, 2, \cdots, h$ ,存在一个有向路径从意见领袖 $L_i$ 可达 $L_j$ ( $L_j \in V_G^{\text{leader}(w)}$ , $j \in \{h+1, h+2, \cdots, m\}$ ),因此

$$\boldsymbol{Q}^{(\infty)} = \lim\limits_{q \to \infty} \boldsymbol{Q}^{(q)} = \lim\limits_{q \to \infty} \boldsymbol{Q}^q = 0, \qquad (2.28)$$

且

$$\boldsymbol{T}^{\infty} = \lim\limits_{q \to \infty} \boldsymbol{T}^q = \begin{bmatrix} 0 & R^{(\infty)} \\ 0 & 0 \end{bmatrix} \qquad (2.29)$$

根据式(2.26)—式(2.29),可得:

$$\lim\limits_{t \to M+\infty} \boldsymbol{D}(t+1) = \begin{bmatrix} 0 & R^{(M+\infty)} \\ 0 & 0 \end{bmatrix} \boldsymbol{D}(M) = 0 \qquad (2.30)$$

因此，存在一个数值 $Z$，当 $t \geqslant Z$，可得：

$$d_{L_i}(t) = 0, i \in \{1, 2, \cdots, m\}。 \tag{2.31}$$

根据式（2.31），对于任意的意见领袖 $L_j \in V_G^{\text{leader}(w)}$（$j \in \{h+1, h+2, \cdots, h+m\}$），可得：

$$f_{L_jL_i}(t) = \overline{x}_{L_i}^L(t) = \overline{x}_{L_i}^U(t), t \geqslant Z \tag{2.32}$$

对于任意的意见领袖 $L_i \in V_G^{\text{leader}(u)}$（$i = 1, 2, \cdots, h$），$L_j \in V_G^{\text{leader}(w)}$（$j = h+1, h+2, \cdots, m$），让 $L_g \in V_G^{\text{leader}(w)} \cup V_G^{\text{leader}(u)} = V_G^{\text{leader}}$，$g = 1, 2, \cdots, m$，那么根据式（2.4）—式（2.7）和式（2.12）—式（2.14），可得：

$$\lim_{t \to \infty} \overline{x}_{L_g}^L(t) = \sum_{g=1}^m a_g \overline{x}_{L_g}^L(Z) = c_{\text{leader}}^L, g = 1, 2, \cdots, m, \tag{2.33}$$

其中 $\sum\limits_{g=1}^m a_g = 1$ 且 $a_g > 0$。同理，对于任意的意见领袖 $L_g$（$g = 1, 2, \cdots, m$），可得：

$$\lim_{t \to \infty} \overline{x}_{L_g}^U(t) = \sum_{g=1}^m a_g \overline{x}_{L_g}^U(Z) = c_{\text{leader}}^U, g = 1, 2, \cdots, m, \tag{2.34}$$

其中，$\sum\limits_{g=1}^m a_g = 1$ 且 $a_g > 0$。因此，$L_g \in V_G^{\text{leader}} \subseteq V_S$。

因为 $\overline{x}_{L_g}^L(Z) = \overline{x}_{L_g}^U(Z)$（$g = 1, 2, \cdots, m$），那么：

$$c_{\text{leader}}^L = \sum_{L_g \in V_G^{\text{leader}}} a_g \overline{x}_{L_g}^L(Z) = c_{\text{leader}}^U = \sum_{L_g \in V_G^{\text{leader}}} a_g \overline{x}_{L_g}^U(Z), \tag{2.35}$$

其中，$\sum\limits_{g=1}^m a_g = 1$ 且 $a_g > 0$。

当 $t < Z$，对于任意的意见领袖 $L_j \in V_G^{\text{leader}(w)}$（$j = h+1, h+2, \cdots, m$），$f_{L_jL_g}(t) \in [\overline{x}_{L_g}^L(t), \overline{x}_{L_g}^U(t)]$。因为 $\overline{X}_{\text{leader}(u)}(0) \neq \varnothing$，故存在 $\overline{x}_{L_g}^L(t) < \overline{x}_{L_g}^U(t)$，$g = 1, 2, \cdots, m$。因此，根据式（2.6）和式（2.7），可得：

$$\overline{x}_{L_j}^L(t+1) = \beta_{L_j} \overline{x}_{L_j}^L(t) + \sum_{j \neq g} w_{L_jL_g} f_{L_jL_g}(t) \geqslant \beta_{L_j} \overline{x}_{L_j}^L(t) + \sum_{j \neq g} w_{L_jL_g} \overline{x}_{L_g}^L(t),$$

$$\tag{2.36}$$

$$\overline{x}_{L_j}^{U}(t+1)=\beta_{L_j}\overline{x}_{L_j}^{U}(t)+\sum_{j\neq g}w_{L_jL_g}f_{L_jL_g}(t)\leqslant\beta_{L_j}\overline{x}_{L_j}^{U}(t)+\sum_{j\neq g}w_{L_jL_g}\overline{x}_{L_g}^{U}(t),$$
$$(2.37)$$

其中,$j=h+1,h+2,\cdots,m$;$g=1,2,\cdots,m$;$j\neq g$。

因此,当 $t\geqslant Z$,可得:

$$\sum_{L_g\in V_G^{\text{leader}}}a_g\overline{x}_{L_g}^{L}(Z)=c_{\text{leader}}^{L}=c_{\text{leader}}^{U}\sum_{L_g\in V_G^{\text{leader}}}a_g\overline{x}_{L_g}^{U}(Z)\in$$
$$\left[\sum_{L_g\in V_G^{\text{leader}}}a_g\overline{x}_{L_g}^{L}(0),\sum_{L_g\in V_G^{\text{leader}}}a_g\overline{x}_{L_g}^{U}(0)\right],\quad(2.38)$$

其中,$\sum a_g=1$ 且 $a_g>0$。

因此,根据情形 1 ~ 情形 3,可得:当社会网络 $G(V,E)$ 上 $V_G^{\text{leader}}\neq\varnothing$,那么存在 $V_G^{\text{leader}}\subseteq V_S$;对于任意的意见领袖 $v_i\in V_G^{\text{leader}}$,有 $\lim\limits_{t\to\infty}\overline{x}_i^{L}(t)=c_{\text{leader}}^{L}$ 和 $\lim\limits_{t\to\infty}\overline{x}_i^{U}(t)=c_{\text{leader}}^{U}$,其中 $[c_{\text{leader}}^{L},c_{\text{leader}}^{U}]\subset[0,1]$ 是一个恒定的区间;$[c_{\text{leader}}^{L},c_{\text{leader}}^{U}]\subseteq\left[\sum\limits_{v_i\in V_G^{\text{leader}}}\lambda_i\overline{x}_i^{L}(0),\sum\limits_{v_i\in V_G^{\text{leader}}}\lambda_i\overline{x}_i^{U}(0)\right]$,其中 $\lambda_i>0$,且 $\sum\limits_{i=1}^{n}\lambda_i=1$。

证毕。

定理 1 表明:当意见领袖的集合为非空集合时,社会网络上所有的意见领袖都是稳定个体,且能够形成意见领袖的共识。当意见领袖共识的左边等于右边时,意见领袖形成精确共识,否则形成区间共识。同时,意见领袖的共识意见能够用所有意见领袖的初始意见的线性组合来表示。

当意见领袖的集合为空时($V_G^{\text{leader}}=\varnothing$),根据网络划分算法[13],社会网络 $G(V,E)$ 能够划分成多个子网 $M=\{G^{(1)}(V^{(1)},E^{(1)}),\cdots,G^{(l)}(V^{(l)},E^{(l)})\}$。对于任意的子网 $G^{(k)}(V^{(k)},E^{(k)})(k=1,2,\cdots,l;l\geqslant2)$,让 $V_{G^{(k)}}^{\text{leader}}$ 表示其子网中的意见领袖的集合,$V_{G^{(k)}}^{\text{follower}}$ 表示其子网中随众的集合。明显地,$V_{G^{(k)}}^{\text{leader}}\cup V_{G^{(k)}}^{\text{follower}}=V^{(k)}$ 且 $V_{G^{(k)}}^{\text{leader}}\cap V_{G^{(k)}}^{\text{follower}}=\varnothing$。

**推论 1** 当 $V_G^{\text{leader}}=\varnothing$,让 $M=\{G^{(1)}(V^{(1)},E^{(1)}),\cdots,G^{(l)}(V^{(l)},E^{(l)})\}$ 表示通过网络划分算法得到的子网的集合,$V_{G^{(k)}}^{\text{leader}}$ 和 $V_{G^{(k)}}^{\text{follower}}$ 分别表示子网 $G^{(k)}(V^{(k)},$

$E^{(k)}$）（$k = 1, 2, \cdots, l; l \geqslant 2$）中的意见领袖和随众的集合。那么：

（1）$\bigcup\limits_{k=1}^{l} V_{G^{(k)}}^{\text{leader}} \subseteq V_{S}$；

（2）对于任意的个体 $v_i \in V_{G^{(k)}}^{\text{leader}}$，有 $\lim\limits_{t \to \infty} \bar{x}_i^L(t) = c_{\text{leader}}^{L,(k)}$ 且 $\lim\limits_{t \to \infty} \bar{x}_i^U(t) = c_{\text{leader}}^{U,(k)}$，其中 $[c_{\text{leader}}^{L,(k)}, c_{\text{leader}}^{U,(k)}] \subset [0, 1]$ 是一个恒定的区间，称 $[c_{\text{leader}}^{L,(k)}, c_{\text{leader}}^{U,(k)}]$ 为子网 $G^{(k)}$（$V^{(k)}$，$E^{(k)}$）（$k = 1, 2, \cdots, l; l \geqslant 2$）中意见领袖的共识。

（3）$[c_{\text{leader}}^{L,(k)}, c_{\text{leader}}^{U,(k)}] \subseteq \left[\sum\limits_{v_i \in V_{G^{(k)}}^{\text{leader}}} \lambda_i \bar{x}_i^L(0), \sum\limits_{v_i \in V_{G^{(k)}}^{\text{leader}}} \lambda_i \bar{x}_i^U(0)\right]$，其中 $\lambda_i > 0$ 且 $\sum\limits_{i=1}^{n} \lambda_i = 1$。

证明：当 $V_G^{\text{leader}} = \varnothing$ 时，由于不同子网之间的意见领袖的意见相互不影响，故基于网络划分算法及定理 1，容易获得推论 1。

推论 1 表明，当意见领袖的集合为空集时，通过网络划分算法划分子网，每个子网的意见领袖都是稳定个体，且能够形成子网意见领袖的共识。如果子网意见领袖的共识意见左边与右边相等，那么子网的意见领袖形成精确共识，反之，则形成区间共识。同时，子网中意见领袖的共识意见能够用子网中所有意见领袖的初始意见的线性组合来表示。

## 2.3.2　稳定个体及其识别算法

下面提出理论分析和识别算法来找出网络中所有的稳定个体。

当 $V_G^{\text{leader}} = \varnothing$ 时，让 $V_G^{\text{follower}(w)} = \{v_i \mid v_i \in V_G^{\text{follower}}, v_i \in V^w\}$ 表示精确偏好随众的集合，让 $V_G^{\text{follower}(u)} = \{v_i \mid v_i \in V_G^{\text{follower}}, v_i \in V^u\}$ 表示不确定容忍随众的集合。现将不确定容忍随众分为两类：一类为路径可达到精确偏好随众的不确定容忍随众，即：$V_G^{\text{follower}(u \to w)} = \{v_i \mid \exists v_j \in V_G^{\text{follower}(w)}, v_i \in V_G^{\text{follower}(u)}, v_i \to v_j\}$；另一类为路径不可达到精确偏好随众的不确定容忍随众，即：$V_G^{\text{follower}(u \to w)} = \{v_i \mid v_i \in V_G^{\text{follower}(u)}, v_i$ $\overset{1/2}{\not\to} v_j$ 对于 $\forall v_j \in V_G^{\text{follower}(w)}\}$。明显地，$V_G^{\text{follower}(w)} \cup V_G^{\text{follower}(u)} = V_G^{\text{follower}}$，$V_G^{\text{follower}(w)} \cap V_G^{\text{follower}(u)} = \varnothing$；$V_G^{\text{follower}(u \to w)} \cup V_G^{\text{follower}(u \to w)} = V_G^{\text{follower}(u)}$，$V_G^{\text{follower}(u \to w)} \cap V_G^{\text{follower}(u \to w)} = \varnothing$。让 $V_S$ 表示稳定个体的集合，$V_O$ 表示波动个体的集合。

**定理2** 当 $V_G^{leader} \neq \varnothing$，让 $[c_{leader}^L, c_{leader}^U]$ 表示意见领袖的共识意见。如果 $V_G^{follower(w)} \neq \varnothing$ 且 $c_{leader}^L < c_{leader}^U$，那么 $V_O = V_G^{follower(w)} \cup V_G^{follower(u \to w)}$；否则 $V_O = \varnothing$。

证明：

在社会网络 $G(V, E)$ 中，在 $t(t = 0, 1, 2, \cdots)$ 时刻，让 $\overline{X}_{leader}(t) = [\overline{X}_{leader}^L(t), \overline{X}_{leader}^U(t)]$ 表示意见领袖集合 $V_G^{leader}$ 的意见向量，$\overline{X}_{follower}(t) = [\overline{X}_{follower}^L(t), \overline{X}_{follower}^U(t)]$ 表示随众集合 $V_G^{follower}$ 的意见向量，$\overline{X}_{(w)follower}(t) = [\overline{X}_{(w)follower}^L(t), \overline{X}_{(w)follower}^U(t)]$ 表示精确偏好随众 $V_G^{follower(w)}$ 的意见向量，$\overline{X}_{(u)follower}(t) = [\overline{X}_{(u)follower}^L(t), \overline{X}_{(u)follower}^U(t)]$ 表示不确定容忍随众 $V_G^{follower(u)}$ 的意见向量，$\overline{X}_{(u \to w)follower}(t) = [\overline{X}_{(u \to w)follower}^L(t), \overline{X}_{(u \to w)follower}^U(t)]$ 表示路径可达到精确偏好随众的不确定容忍随众 $V_G^{follower(u \to w)}$ 的意见向量，$\overline{X}_{(u \nrightarrow w)follower}(t) = [\overline{X}_{(u \nrightarrow w)follower}^L(t), \overline{X}_{(u \nrightarrow w)follower}^U(t)]$ 表示路径不可达到精确偏好随众的不确定容忍随众 $V_G^{follower(u \nrightarrow w)}$ 的意见向量。

让 $\boldsymbol{B}_L$ 表示 $V_G^{leader}$ 信任 $V_G^{leader}$ 的权重矩阵；$\boldsymbol{W}_{w,L}$ 表示 $V_G^{follower(w)}$ 信任 $V_G^{leader}$ 的权重矩阵，$\boldsymbol{B}_w$ 表示 $V_G^{follower(w)}$ 信任 $V_G^{follower(w)}$ 的权重矩阵，$\boldsymbol{W}_{w,u \to w}$ 表示 $V_G^{follower(w)}$ 信任 $V_G^{follower(u \to w)}$ 的权重矩阵，$\boldsymbol{W}_{w,u \nrightarrow w}$ 表示 $V_G^{follower(w)}$ 信任 $V_G^{follower(u \nrightarrow w)}$ 的权重矩阵；$\boldsymbol{W}_{u \to w,L}$ 表示 $V_G^{follower(u \to w)}$ 信任 $V_G^{leader}$ 的权重矩阵，$\boldsymbol{B}_{u \to w}$ 表示 $V_G^{follower(u \to w)}$ 信任 $V_G^{follower(u \to w)}$ 的权重矩阵，$\boldsymbol{W}_{u \to w,w}$ 表示 $V_G^{follower(u \to w)}$ 信任 $V_G^{follower(w)}$ 的权重矩阵，$\boldsymbol{W}_{u \to w,u \nrightarrow w}$ 表示 $V_G^{follower(u \to w)}$ 信任 $V_G^{follower(u \nrightarrow w)}$ 的权重矩阵；$\boldsymbol{W}_{u \nrightarrow w,L}$ 表示 $V_G^{follower(u \nrightarrow w)}$ 信任 $V_G^{leader}$ 的权重矩阵，$\boldsymbol{B}_{u \nrightarrow w}$ 表示 $V_G^{follower(u \nrightarrow w)}$ 信任 $V_G^{follower(u \nrightarrow w)}$ 的权重矩阵。

当面对意见领袖的不确定意见向量 $[\overline{X}_{leader}^L(t), \overline{X}_{leader}^U(t)]$ 时，精确偏好随众 $V_G^{follower(w)}$ 将猜测意见领袖 $V_G^{leader}$ 的意见，并提供一个精确估计向量 $\boldsymbol{F}_{w,L}(t)$（$\boldsymbol{F}_{w,L}(t) \in [\overline{X}_{leader}^L(t), \overline{X}_{leader}^U(t)]$）作为意见领袖 $V_G^{leader}$ 的意见向量。显然地，在向量 $\boldsymbol{F}_{w,L}(t)$ 中，不同的精确偏好随众将有不同的精确估计意见，我们仍用此符号代替。

类似地，精确偏好随众 $V_G^{follower(w)}$ 将猜测路径可达精确偏好随众的不确定容

忍随众 $V_{\mathrm{G}}^{\mathrm{follower}(u\rightarrow w)}$ 的意见，并提供一个精确估计向量 $\boldsymbol{F}_{\mathrm{w},u\rightarrow w}(t)$（$\boldsymbol{F}_{\mathrm{w},u\rightarrow w}(t)\in$ $[\overline{\boldsymbol{X}}_{(u\rightarrow w)\mathrm{follower}}^{L}(t),\overline{\boldsymbol{X}}_{(u\rightarrow w)\mathrm{follower}}^{U}(t)]$），作为 $V_{\mathrm{G}}^{\mathrm{follower}(u\rightarrow w)}$ 的意见向量。同时精确偏好随众 $V_{\mathrm{G}}^{\mathrm{follower}(w)}$ 也将猜测路径不可达精确偏好随众的不确定容忍随众 $V_{\mathrm{G}}^{\mathrm{follower}(u\nrightarrow w)}$ 的意见，并提供一个精确估计向量 $\boldsymbol{F}_{\mathrm{w},u\nrightarrow w}(t)$（$\boldsymbol{F}_{\mathrm{w},u\rightarrow w}(t)\in[\overline{\boldsymbol{X}}_{(u\rightarrow w)\mathrm{follower}}^{L}(t),$ $\overline{\boldsymbol{X}}_{(u\rightarrow w)\mathrm{follower}}^{U}(t)]$），作为 $V_{\mathrm{G}}^{\mathrm{follower}(u\rightarrow w)}$ 的意见向量。

根据式(2.4)—式(2.7)，左边的意见演化可以描述为：

$$\overline{\boldsymbol{X}}_{\mathrm{leader}}^{L}(t+1)=\boldsymbol{B}_{L}\overline{\boldsymbol{X}}_{\mathrm{leader}}^{L}(t);\tag{2.39}$$

$$\overline{\boldsymbol{X}}_{(w)\mathrm{follower}}^{L}(t+1)=\boldsymbol{W}_{\mathrm{w},L}\boldsymbol{F}_{\mathrm{w},L}(t)+\boldsymbol{B}_{\mathrm{w}}\overline{\boldsymbol{X}}_{(w)\mathrm{follower}}^{L}(t)+\boldsymbol{W}_{\mathrm{w},u\rightarrow w}\boldsymbol{F}_{\mathrm{w},u\rightarrow w}(t)+\boldsymbol{W}_{\mathrm{w},u\nrightarrow w}\boldsymbol{F}_{\mathrm{w},u\nrightarrow w}(t);$$
$$\tag{2.40}$$

$$\overline{\boldsymbol{X}}_{(u\rightarrow w)\mathrm{follower}}^{L}(t+1)=\boldsymbol{W}_{u\rightarrow w,\mathrm{L}}\overline{\boldsymbol{X}}_{\mathrm{leader}}^{L}(t)+\boldsymbol{W}_{u\rightarrow w,\mathrm{w}}\overline{\boldsymbol{X}}_{(w)\mathrm{follower}}^{L}(t)+\boldsymbol{B}_{u\rightarrow w}\overline{\boldsymbol{X}}_{(u\rightarrow w)\mathrm{follower}}^{L}(t)+$$
$$\boldsymbol{W}_{u\rightarrow w,u\nrightarrow w}\overline{\boldsymbol{X}}_{(u\rightarrow w)\mathrm{follower}}^{L}(t);\tag{2.41}$$

$$\overline{\boldsymbol{X}}_{(u\rightarrow w)\mathrm{follower}}^{L}(t+1)=\boldsymbol{W}_{u\rightarrow w,\mathrm{L}}\overline{\boldsymbol{X}}_{\mathrm{leader}}^{L}(t)+\boldsymbol{B}_{u\rightarrow w}\overline{\boldsymbol{X}}_{(u\rightarrow w)\mathrm{follower}}^{L}(t).\tag{2.42}$$

右边的意见演化可以描述为：

$$\overline{\boldsymbol{X}}_{\mathrm{leader}}^{U}(t+1)=\boldsymbol{B}_{L}\overline{\boldsymbol{X}}_{\mathrm{leader}}^{U}(t);\tag{2.43}$$

$$\overline{\boldsymbol{X}}_{(w)\mathrm{follower}}^{U}(t+1)=\boldsymbol{W}_{\mathrm{w},L}\boldsymbol{F}_{\mathrm{w},L}(t)+\boldsymbol{B}_{\mathrm{w}}\overline{\boldsymbol{X}}_{(w)\mathrm{follower}}^{U}(t)+\boldsymbol{W}_{\mathrm{w},u\rightarrow w}\boldsymbol{F}_{\mathrm{w},u\rightarrow w}(t)+\boldsymbol{W}_{\mathrm{w},u\nrightarrow w}\boldsymbol{F}_{\mathrm{w},u\nrightarrow w}(t);$$
$$\tag{2.44}$$

$$\overline{\boldsymbol{X}}_{(u\rightarrow w)\mathrm{follower}}^{U}(t+1)=\boldsymbol{W}_{u\rightarrow w,\mathrm{L}}\overline{\boldsymbol{X}}_{\mathrm{leader}}^{U}(t)+\boldsymbol{W}_{u\rightarrow w,\mathrm{w}}\overline{\boldsymbol{X}}_{(w)\mathrm{follower}}^{U}(t)+\boldsymbol{B}_{u\rightarrow w}\overline{\boldsymbol{X}}_{(u\rightarrow w)\mathrm{follower}}^{U}(t)+$$
$$\boldsymbol{W}_{u\rightarrow w,u\nrightarrow w}\overline{\boldsymbol{X}}_{(u\rightarrow w)\mathrm{follower}}^{U}(t);\tag{2.45}$$

$$\overline{\boldsymbol{X}}_{(u\rightarrow w)\mathrm{follower}}^{U}(t+1)=\boldsymbol{W}_{u\rightarrow w,\mathrm{L}}\overline{\boldsymbol{X}}_{\mathrm{leader}}^{U}(t)+\boldsymbol{B}_{u\rightarrow w}\overline{\boldsymbol{X}}_{(u\rightarrow w)\mathrm{follower}}^{U}(t).\tag{2.46}$$

网络上所有个体的权重矩阵可以描述为：

$$\boldsymbol{B}=\begin{bmatrix}\boldsymbol{B}_{L}&0&0&0\\\boldsymbol{W}_{\mathrm{w},L}&\boldsymbol{B}_{w}&\boldsymbol{W}_{\mathrm{w},u\rightarrow w}&\boldsymbol{W}_{\mathrm{w},u\nrightarrow w}\\\boldsymbol{W}_{u\rightarrow w,\mathrm{L}}&\boldsymbol{W}_{u\rightarrow w,\mathrm{w}}&\boldsymbol{B}_{u\rightarrow w}&\boldsymbol{W}_{u\rightarrow w,u\nrightarrow w}\\\boldsymbol{W}_{u\rightarrow w,L}&0&0&\boldsymbol{B}_{u\rightarrow w}\end{bmatrix}\tag{2.47}$$

权重矩阵 $\boldsymbol{B}$ 是一个行随机矩阵,其每一行所有元素的和等于 1。

下面将对意见演化方程中的随众分两种情形进行讨论。

情形 1:$V_{\mathrm{G}}^{\mathrm{follower}} = \varnothing$;情形 2(a):$V_{\mathrm{G}}^{\mathrm{follower}} \neq \varnothing, V_{\mathrm{G}}^{\mathrm{follower}(w)} = \varnothing$;情形 2(b):$V_{\mathrm{G}}^{\mathrm{follower}} \neq \varnothing, V_{\mathrm{G}}^{\mathrm{follower}(w)} \neq \varnothing$。

当意见领袖为非空集合时($V_{\mathrm{G}}^{\mathrm{leader}} \neq \varnothing$),随众 $V_{\mathrm{G}}^{\mathrm{follower}}$ 将会被识别成稳定个体和波动个体这两类。

情形 1:明显地,如果 $V_{\mathrm{G}}^{\mathrm{follower}} = \varnothing$,那么 $V_0 = \varnothing$。

情形 2(a):$V_{\mathrm{G}}^{\mathrm{follower}} \neq \varnothing, V_{\mathrm{G}}^{\mathrm{follower}(w)} = \varnothing$。

因为 $V_{\mathrm{G}}^{\mathrm{follower}} \neq \varnothing$ 且 $V_{\mathrm{G}}^{\mathrm{follower}(w)} = \varnothing$,那么 $V_{\mathrm{G}}^{\mathrm{follower}} = V_{\mathrm{G}}^{\mathrm{follower}(u)} = V_{\mathrm{G}}^{\mathrm{follower}(u \not\rightarrow w)}$。

对于 $V_{\mathrm{G}}^{\mathrm{follower}(u \not\rightarrow w)}$,根据式(2.39)—式(2.42),可得:

$$\begin{pmatrix} \overline{X}_{(u \rightarrow w)\mathrm{follower}}^{L}(t+1) \\ \overline{X}_{\mathrm{leader}}^{L}(t+1) \end{pmatrix} = \begin{bmatrix} B_{u \rightarrow w} & W_{u \rightarrow w, L} \\ 0 & B_L \end{bmatrix} \begin{pmatrix} \overline{X}_{(u \rightarrow w)\mathrm{follower}}^{L}(t) \\ \overline{X}_{\mathrm{leader}}^{L}(t) \end{pmatrix} 。$$

让 $\boldsymbol{Y} = \begin{bmatrix} B_{u \rightarrow w} & W_{u \rightarrow w, L} \\ 0 & B_L \end{bmatrix}$,可得 $\lim_{t \to \infty} \boldsymbol{Y}^t = \lim_{t \to \infty} \begin{bmatrix} (B_{u \rightarrow w})^{(t)} & (W_{u \rightarrow w, L})^{(t)} \\ 0 & (B_L)^{(t)} \end{bmatrix}$。

根据 Dong 等人[13],可得:$\lim_{t \to \infty} \boldsymbol{Y}^t = \begin{bmatrix} a_1, & a_2, & \cdots, & a_n \\ a_1, & a_2, & \cdots, & a_n \\ \vdots & \vdots & & \vdots \\ a_1, & a_2, & \cdots, & a_n \end{bmatrix}$。因此,$\lim_{t \to \infty} (\boldsymbol{B}_{u \rightarrow w})^{(t)} = \lim_{t \to \infty} (\boldsymbol{B}_{u \rightarrow w})^t = 0$。

因为意见领袖的个数为 $m$,让 $\lim_{t \to \infty} (\boldsymbol{B}_L)^t = \begin{bmatrix} \lambda_1, & \lambda_2, & \cdots, & \lambda_m \\ \lambda_1, & \lambda_2, & \cdots, & \lambda_m \\ \vdots & \vdots & & \vdots \\ \lambda_1, & \lambda_2, & \cdots, & \lambda_m \end{bmatrix}$,那么:

$$
\lim_{t \to \infty} \mathbf{Y}^t \begin{pmatrix} \overline{\mathbf{X}}^L_{(u \to w)\text{follower}}(0) \\ \\ \overline{\mathbf{X}}^L_{\text{leader}}(0) \end{pmatrix} = \begin{bmatrix} 0 \cdots 0 & \lambda_1, \lambda_2, \cdots, \lambda_m \\ 0 \cdots 0 & \lambda_1, \lambda_2, \cdots, \lambda_m \\ 0 \cdots 0 & \cdots \\ 0 \cdots 0 & \lambda_1, \lambda_2, \cdots, \lambda_m \end{bmatrix} \begin{pmatrix} \overline{\mathbf{X}}^L_{(u \to w)\text{follower}}(0) \\ \\ \overline{\mathbf{X}}^L_{\text{leader}}(0) \end{pmatrix} = \begin{bmatrix} \sum\limits_{i=1}^{m} \lambda_i \vec{x}^L_{\text{leader}}(0) \\ \sum\limits_{i=1}^{m} \lambda_i \vec{x}^L_{\text{leader}}(0) \\ \vdots \\ \sum\limits_{i=1}^{m} \lambda_i \vec{x}^L_{\text{leader}}(0) \end{bmatrix},
$$

$\lambda_i > 0$。

类似地,根据式(2.43)—式(2.46),可得:

$$
\lim_{t \to \infty} \mathbf{Y}^t \begin{pmatrix} \overline{\mathbf{X}}^U_{(u \to w)\text{follower}}(0) \\ \\ \overline{\mathbf{X}}^U_{\text{leader}}(0) \end{pmatrix} = \begin{bmatrix} 0 \cdots 0 & \lambda_1, \lambda_2, \cdots, \lambda_m \\ 0 \cdots 0 & \lambda_1, \lambda_2, \cdots, \lambda_m \\ 0 \cdots 0 & \\ 0 \cdots 0 & \lambda_1, \lambda_2, \cdots, \lambda_m \end{bmatrix} \begin{pmatrix} \overline{\mathbf{X}}^U_{(u \to w)\text{follower}}(0) \\ \\ \overline{\mathbf{X}}^U_{\text{leader}}(0) \end{pmatrix} = \begin{bmatrix} \sum\limits_{i=1}^{m} \lambda_i \vec{x}^U_{\text{leader}}(0) \\ \sum\limits_{i=1}^{m} \lambda_i \vec{x}^U_{\text{leader}}(0) \\ \vdots \\ \sum\limits_{i=1}^{m} \lambda_i \vec{x}^U_{\text{leader}}(0) \end{bmatrix}。
$$

因此,如果 $V_{\text{G}}^{\text{follower}} \neq \varnothing$ 且 $V_{\text{G}}^{\text{follower}(w)} = \varnothing$,那么 $V_{\text{G}}^{\text{follower}} = V_{\text{G}}^{\text{follower}(u)} = V_{\text{G}}^{\text{follower}(u \nrightarrow w)} \subset V_{\text{S}}$ 且 $V_{\text{O}} = \varnothing$。

存在一个时间 $T_{\text{uu}}$,对于 $v_i \in V_{\text{G}}^{\text{leader}}$ 且 $v_j \in V_{\text{G}}^{\text{follower}(u \nrightarrow w)}$,可得:

$$
c^L_{\text{leader}} = \vec{x}^L_i(T_{\text{uu}}) = \vec{x}^L_j(T_{\text{uu}}) = \sum_{i=1}^{m} \lambda_i \vec{x}^L_{\text{leader}}(0), \tag{2.48}
$$

$$
c^U_{\text{leader}} = \vec{x}^U_i(T_{\text{uu}}) = \vec{x}^U_j(T_{\text{uu}}) = \sum_{i=1}^{m} \lambda_i \vec{x}^U_{\text{leader}}(0)。 \tag{2.49}
$$

情形2(b):$V_{\text{G}}^{\text{follower}} \neq \varnothing$ 且 $V_{\text{G}}^{\text{follower}(w)} \neq \varnothing$。

(1)对于 $V_{\text{G}}^{\text{follower}(w)}$, $V_{\text{G}}^{\text{follower}(u \nrightarrow w)}$ 和 $V_{\text{G}}^{\text{follower}(u \to w)}$ 的意见宽度进行分析。根据式(2.39)—式(2.46)和式(2.3),可得:

$$\begin{pmatrix} D_{\text{leader}}(t+1) \\ D_{(w)\text{follower}}(t+1) \\ D_{(u\to w)\text{follower}}(t+1) \\ D_{(u\nrightarrow w)\text{follower}}(t+1) \end{pmatrix} = \begin{bmatrix} B_L & 0 & 0 & 0 \\ W_{w,L} & B_w & W_{w,u\to w} & W_{w,u\nrightarrow w} \\ W_{u\to w,L} & W_{u\to w,w} & B_{u\to w} & W_{u\to w,u\nrightarrow w} \\ W_{u\nrightarrow w,L} & 0 & 0 & B_{u\nrightarrow w} \end{bmatrix} \begin{pmatrix} D_{\text{leader}}(t) \\ D_{(w)\text{follower}}(t) \\ D_{(u\to w)\text{follower}}(t) \\ D_{(u\nrightarrow w)\text{follower}}(t) \end{pmatrix} \, 。$$

$$(2.50)$$

①如果 $c_{\text{leader}}^L = c_{\text{leader}}^U$，那么 $D_{\text{leader}} = 0$。

a. 对于 $V_G^{\text{follower}(u\nrightarrow w)}$，如果 $V_G^{\text{follower}(u\nrightarrow w)} = \varnothing$，那么其可以不被考虑；如果 $V_G^{\text{follower}(u\nrightarrow w)} \neq \varnothing$，那么与情形 2（a）同理，$V_G^{\text{follower}(u\nrightarrow w)} \subset V_S$，且 $\lim\limits_{t\to\infty} D_{(u\nrightarrow w)\text{follower}}(t) = c_{\text{leader}}^U - c_{\text{leader}}^L = D_{\text{leader}} = 0$。

b. 对于 $V_G^{\text{follower}(w)}$，根据式（2.21），明显地，$\lim\limits_{t\to\infty} D_{(w)\text{follower}}(t) = 0$。

c. 对于 $V_G^{\text{follower}(u\to w)}$，如果 $V_G^{\text{follower}(u\to w)} = \varnothing$，那么 $D_{(u\to w)\text{follower}}(t+1) = B_{u\to w} D_{(u\to w)\text{follower}}(t)$。因为 $D_{(u\to w)\text{follower}}(t)$ 是一个单调递减有下界的序列，且每个元素非负的，因此，$\lim\limits_{t\to\infty} D_{(u\to w)\text{follower}}(t) = 0$。

②如果 $c_{\text{leader}}^L < c_{\text{leader}}^U$，那么 $D_{\text{leader}} > 0$。

a. 对于 $V_G^{\text{follower}(u\nrightarrow w)}$，如果 $V_G^{\text{follower}(u\nrightarrow w)} = \varnothing$，那么不需要考虑；如果 $V_G^{\text{follower}(u\nrightarrow w)} \neq \varnothing$，那么与情形 2（a）同理，$V_G^{\text{follower}(u\nrightarrow w)} \subset V_S$，$\lim\limits_{t\to\infty} D_{(u\nrightarrow w)\text{follower}}(t) = c_{\text{leader}}^U - c_{\text{leader}}^L = D_{\text{leader}} > 0$。

b. 对于 $V_G^{\text{follower}(w)}$，明显地 $\lim\limits_{t\to\infty} D_{(w)\text{follower}}(t) = 0$。

c. 对于 $V_G^{\text{follower}(u\to w)}$，如果 $V_G^{\text{follower}(u\to w)} = \varnothing$，那么不需要考虑；如果 $V_G^{\text{follower}(u\to w)} \neq \varnothing$，当 $W_{u\to w,L} = 0$ 和 $W_{u\to w,u\nrightarrow w} = 0$，那么 $\lim\limits_{t\to\infty} D_{(u\to w)\text{follower}}(t) = 0$；否则 $\lim\limits_{t\to\infty} D_{(u\to w)\text{follower}}(t) = d \in (0, D_{\text{leader}})$。

（2）对 $V_G^{\text{follower}(u\nrightarrow w)}$，$V_G^{\text{follower}(w)}$ 和 $V_G^{\text{follower}(u\to w)}$ 的意见进行分析。

对于 $V_G^{\text{follower}(u\nrightarrow w)}$，如果 $V_G^{\text{follower}(u\nrightarrow w)} = \varnothing$，那么不需要考虑；如果 $V_G^{\text{follower}(u\nrightarrow w)} \neq \varnothing$，那么对于任意的随众 $v_j \in V_G^{\text{follower}(u\nrightarrow w)}$ 都没有路径可达到 $V_G^{\text{follower}(w)}$，因此，$v_j \in V_G^{\text{follower}(u\nrightarrow w)}$ 的意见不会受到 $V_G^{\text{follower}(w)}$ 和 $V_G^{\text{follower}(u\to w)}$ 意见的影响。根据情形 2（a），可得：

$$V_{\mathrm{G}}^{\mathrm{follower}(u \nrightarrow w)} \subset V_{\mathrm{S}} , \tag{2.51}$$

$$c_{\mathrm{leader}}^{L} = \bar{x}_{i}^{L}(T_{uu}) = \bar{x}_{j}^{L}(T_{uu}) = \sum_{i=1}^{m} \lambda_{i} \bar{x}_{\mathrm{leader}}^{L}(0) , \tag{2.52}$$

$$c_{\mathrm{leader}}^{U} = \bar{x}_{i}^{U}(T_{uu}) = \bar{x}_{j}^{U}(T_{uu}) = \sum_{i=1}^{m} \lambda_{i} \bar{x}_{\mathrm{leader}}^{U}(0) 。 \tag{2.53}$$

对 $V_{\mathrm{G}}^{\mathrm{follower}(w)}$ 和 $V_{\mathrm{G}}^{\mathrm{follower}(u \rightarrow w)}$ 的意见,因为每个随众 $v_j \in V_{\mathrm{G}}^{\mathrm{follower}(u \rightarrow w)} \cup V_{\mathrm{G}}^{\mathrm{follower}(w)}$ 有路径可达意见领袖 $V_{\mathrm{G}}^{\mathrm{leader}}$,但是每个意见领袖 $v_i \in V_{\mathrm{G}}^{\mathrm{leader}}$ 无路径可达随众,故随众的最终意见取决于意见领袖的意见,可以分为以下两种类型进行讨论。

①如果 $c_{\mathrm{leader}}^{L} = c_{\mathrm{leader}}^{U}$,那么 $f_{w,L}(t) = c_{\mathrm{leader}}^{L} = c_{\mathrm{leader}}^{U}$ 且 $f_{w,u \nrightarrow w}(t) = c_{\mathrm{leader}}^{L} = c_{\mathrm{leader}}^{U}$,故 $\lim\limits_{t \rightarrow \infty} \overline{\boldsymbol{X}}_{(w)\mathrm{follower}}^{L}(t) = \lim\limits_{t \rightarrow \infty} \overline{\boldsymbol{X}}_{(u \rightarrow w)\mathrm{follower}}^{L}(t) = c_{\mathrm{leader}}^{L}$,$\lim\limits_{t \rightarrow \infty} \overline{\boldsymbol{X}}_{(w)\mathrm{follower}}^{U}(t) = \lim\limits_{t \rightarrow \infty} \overline{\boldsymbol{X}}_{(u \rightarrow w)\mathrm{follower}}^{U}(t) = c_{\mathrm{leader}}^{U}$,且 $V_{\mathrm{G}}^{\mathrm{follower}(u \rightarrow w)} \cup V_{\mathrm{G}}^{\mathrm{follower}(w)} \subset V_{\mathrm{S}}$。此时,$V_{\mathrm{G}}^{\mathrm{follower}} \subset V_{\mathrm{S}}$,$V_0 = \varnothing$。

②如果 $c_{\mathrm{leader}}^{L} < c_{\mathrm{leader}}^{U}$,那么对于 $V_{\mathrm{G}}^{\mathrm{follower}(w)}$,存在一个 $M$,当 $t \geqslant M$ 时,$f_{w,L}(t) \in [c_{\mathrm{leader}}^{L}, c_{\mathrm{leader}}^{U}]$ 和 $f_{w,u \nrightarrow w}(t) \in [c_{\mathrm{leader}}^{L}, c_{\mathrm{leader}}^{U}]$,其中 $f_{w,L}(t)$ 和 $f_{w,u \nrightarrow w}(t)$ 分别是 $\boldsymbol{F}_{w,L}(t)$ 和 $\boldsymbol{F}_{w,u \nrightarrow w}(t)$ 的元素。因此,$V_{\mathrm{G}}^{\mathrm{follower}(w)} \subset V_0$。因为,$D_{(w)\mathrm{follower}}(t) = 0$,那么 $v_i \in V_{\mathrm{G}}^{\mathrm{follower}(w)}$,$\lim\limits_{t \rightarrow \infty} \bar{x}_{i}^{L}(t) = \lim\limits_{t \rightarrow \infty} \bar{x}_{i}^{U}(t) \in [c_{\mathrm{leader}}^{L}, c_{\mathrm{leader}}^{U}]$。

如果 $V_{\mathrm{G}}^{\mathrm{follower}(u \rightarrow w)} = \varnothing$,那么不需要考虑;如果 $V_{\mathrm{G}}^{\mathrm{follower}(u \rightarrow w)} \neq \varnothing$,因为随众 $v_j \in V_{\mathrm{G}}^{\mathrm{follower}(u \rightarrow w)}$ 有路径可达 $V_{\mathrm{G}}^{\mathrm{follower}(w)} \subset V_0$,因此 $V_{\mathrm{G}}^{\mathrm{follower}(u \rightarrow w)} \subset V_0$。存在一个 $M$,当 $t \geqslant M$,对于 $v_i \in V_{\mathrm{G}}^{\mathrm{follower}(u \rightarrow w)}$,$\lim\limits_{t \rightarrow \infty} \bar{x}_{i}^{L}(t) \leqslant \lim\limits_{t \rightarrow \infty} \bar{x}_{i}^{U}(t) \subset [c_{\mathrm{leader}}^{L}, c_{\mathrm{leader}}^{U}]$。

因此,当 $V_{\mathrm{G}}^{\mathrm{leader}} \neq \varnothing$,让 $[c_{\mathrm{leader}}^{L}, c_{\mathrm{leader}}^{U}]$ 表示意见领袖的共识意见。那么如果 $V_{\mathrm{G}}^{\mathrm{follower}(w)} \neq \varnothing$ 和 $c_{\mathrm{leader}}^{L} < c_{\mathrm{leader}}^{U}$,那么 $V_0 = V_{\mathrm{G}}^{\mathrm{follower}(w)} \cup V_{\mathrm{G}}^{\mathrm{follower}(u \rightarrow w)}$;否则 $V_0 = \varnothing$。

证毕。

定理 2 表明:当意见领袖的集合非空时,若意见领袖的共识意见是区间意见,且精确偏好随众的集合非空,那么波动意见个体的集合为精确偏好随众的集合以及信任精确偏好随众的不确定容忍随众的集合的并集;否则,波动个体的集合为空集。

定理 2 提供了当社会网络上意见领袖的集合为非空集时识别波动个体的理论基础。

当 $V_G^{leader} = \varnothing$，根据网络划分算法，可得子网 $M = \{ G^{(1)} ( V^{(1)} , E^{(1)} ) , \cdots , G^{(l)} ( V^{(l)} , E^{(l)} ) \}$。对于任意的子网 $G^{(k)} ( V^{(k)} , E^{(k)} ) ( k = 1 , 2 , \cdots , l ; l \geqslant 2 )$，让 $V_{G^{(k)}}^{follower}$ 表示子网中的随众，$V_{G^{(k)}}^{leader}$ 表示子网中的意见领袖。明显地，$V_{G^{(k)}}^{leader} \cup V_{G^{(k)}}^{follower} = V^{(k)}$ 且 $V_{G^{(k)}}^{leader} \cap V_{G^{(k)}}^{follower} = \varnothing$。

在子网 $G^{(k)} ( V^{(k)} , E^{(k)} ) ( k = 1 , 2 , \cdots , l ; l \geqslant 2 )$ 中，让 $V_{G^{(k)}}^{follower(w)} = \{ v_i \mid v_i \in V_{G^{(k)}}^{follower} , v_i \in V^w \}$ 表示精确偏好随众的集合，$V_{G^{(k)}}^{follower(u)} = \{ v_i \mid v_i \in V_{G^{(k)}}^{follower} , v_i \in V^u \}$ 表示不确定容忍随众的集合，$V_{G^{(k)}}^{follower(u \to w)} = \{ v_i \mid \exists v_j \in V_{G^{(k)}}^{follower(w)} , v_i \in V_{G^{(k)}}^{follower(u)} , v_i \to v_j \}$ 表示路径可达精确偏好随众的不确定容忍随众的集合，$V_{G^{(k)}}^{follower(u \nrightarrow w)} = \{ v_i \mid v_i \in V_{G^{(k)}}^{follower(u)} , v_i \nrightarrow v_j$ 对于 $\forall v_j \in V_{G^{(k)}}^{follower(w)} \}$ 表示路径不可达精确偏好随众的不确定容忍随众的集合。明显地，$V_{G^{(k)}}^{follower(w)} \cup V_{G^{(k)}}^{follower(u)} = V_{G^{(k)}}^{follower}$，$V_{G^{(k)}}^{follower(w)} \cap V_{G^{(k)}}^{follower(u)} = \varnothing$；$V_{G^{(k)}}^{follower(u \to w)} \cup V_{G^{(k)}}^{follower(u \nrightarrow w)} = V_{G^{(k)}}^{follower(u)}$，$V_{G^{(k)}}^{follower(u \to w)} \cap V_{G^{(k)}}^{follower(u \nrightarrow w)} = \varnothing$。

让 $V_0^{(k)}$ 表示子网 $G^{(k)} ( V^{(k)} , E^{(k)} )$ 中波动个体的集合。

**推论 2** 当 $V_G^{leader} = \varnothing$，在子网 $G^{(k)} ( V^{(k)} , E^{(k)} )$ 中，让 $[ c_{leader}^{L,(k)} , c_{leader}^{U,(k)} ]$ 表示子网中意见领袖的共识意见，$V_0^{(k)}$ 表示子网中波动个体的集合。那么，对于任意的子网 $G^{(k)} ( V^{(k)} , E^{(k)} ) ( k = 1 , 2 , \cdots , l ; l \geqslant 2 )$，可得：如果 $c_{leader}^{L,(k)} < c_{leader}^{U,(k)}$ 且 $V_{G^{(k)}}^{follower(w)} \neq \varnothing$，那么 $V_0^{(k)} = V_{G^{(k)}}^{follower(w)} \cup V_{G^{(k)}}^{follower(u \to w)}$；否则 $V_0^{(k)} = \varnothing$。

证明：当 $V_G^{leader} = \varnothing$，根据网络划分算法[14] 和定理 2 很容易得到推论 2。

**推论 3** 当 $V_G^{leader} = \varnothing$，可得：$V_0 = \bigcup_{k=1}^{l} V_0^{(k)}$。

证明：基于定理 2 和推论 2，我们很容易获得推论 3。

推论 2 和推论 3 能够用来识别社会网络 $G ( V , E )$ 上当意见领袖的集合为空集时（$V_G^{leader} = \varnothing$）的波动个体。

很自然地，$V_S = V / V_0$。因此，基于定理 2、推论 2 和推论 3，我们能够识别出社会网络上所有的稳定个体和波动个体，稳定个体和波动个体的识别算法可见

表2.1。

稳定个体和波动个体的识别算法的基本想法包括下面3步。

首先,基于可达矩阵 $\boldsymbol{P} = (p_{ij})_{n \times n}$,可得 $V_G^{\text{leader}}$ 和 $V_G^{\text{follower}}$。如果 $V_G^{\text{leader}} = \varnothing$,根据网络划分算法[13],那么可得子网 $M = \{ G^{(1)}(V^{(1)}, E^{(1)}), \cdots, G^{(l)}(V^{(l)}, E^{(l)}) \}$,以及在每个子网 $G^{(k)}(V^{(k)}, E^{(k)})(k=1,2,\cdots,l;l \geqslant 2)$ 中可得 $V_{G^{(k)}}^{\text{leader}}$ 和 $V_{G^{(k)}}^{\text{follower}}$。

其次,基于定理 1 和推论 1,可得每个子网 $G^{(k)}(V^{(k)}, E^{(k)})$ 中子网意见领袖的共识类型,即:精确共识或区间共识。

最后,基于定理2,推论2和推论3,可以识别出社会网络 $G(V,E)$ 上所有的稳定个体和波动个体。

**表2.1　稳定个体和波动个体的识别算法**

---

输入:社会网络 $G(V,E)$ 上的邻接矩阵 $\boldsymbol{A} = (a_{ij})_{n \times n}$,所有个体的初始意见 $\overline{\boldsymbol{X}}(0) = (\overline{x}_1(0), \overline{x}_2(0), \cdots, \overline{x}_n(0))^{\text{T}}$ 和不确定容忍类型。

输出:波动个体的集合 $V_O$ 和稳定个体的集合 $V_S$。

步骤1:利用社会网络 $G(V,E)$ 上的邻接矩阵 $\boldsymbol{A} = (a_{ij})_{n \times n}$ 得到可达矩阵 $\boldsymbol{P} = (p_{ij})_{n \times n}$ 和意见领袖的集合 $V_G^{\text{leader}}$。

步骤2:如果 $V_G^{\text{leader}} \neq \varnothing$,那么基于定理2,当 $V_G^{\text{follower}(w)} \neq \varnothing$ 且 $c_{\text{leader}}^L < c_{\text{leader}}^U$,则 $V_O = V_G^{\text{follower}(w)} \cup V_G^{\text{follower}(u \to w)}$;否则 $V_O = \varnothing$。转到第 4 步。

步骤3:如果 $V_G^{\text{leader}} = \varnothing$,根据网络划分算法[14],可得子网的集合 $M = \{ G^{(1)}(V^{(1)}, E^{(1)}), \cdots, G^{(l)}(V^{(l)}, E^{(l)}) \}$,以及每个子网 $G^{(k)}(V^{(k)}, E^{(k)})(k=1,2,\cdots,l;l \geqslant 2)$ 上意见领袖和随众的集合 $V_{G^{(k)}}^{\text{leader}}$ 和 $V_{G^{(k)}}^{\text{follower}}$。那么对于子网 $G^{(k)}(V^{(k)}, E^{(k)})$,如果 $c_{\text{leader}}^{L,(k)} < c_{\text{leader}}^{U,(k)}$ 且 $V_{G^{(k)}}^{\text{follower}(w)} \neq \varnothing$,那么 $V_O^{(k)} = V_{G^{(k)}}^{\text{follower}(w)} \cup V_{G^{(k)}}^{\text{follower}(u \to w)}$;否则 $V_O^{(k)} = \varnothing$。更进一步地,基于推论3,可得 $V_O = \bigcup_{k=1}^{l} V_O^{(k)}$。转到下一步。

步骤4:让 $V_S = V/V_O$。输出波动个体的集合 $V_O$ 和稳定个体的集合 $V_S$。

---

步骤 1 中获得邻接矩阵的时间复杂度为 $O(n^3)$,步骤 3 的时间复杂度为 $O(n^2) + O(n) = O(n^2)$。因此,稳定个体和波动个体的识别算法的总时间复杂度为 $O(n^3) + O(n^2) = O(n^3)$。

### 2.3.3 稳定个体的共识

下面将分析稳定个体的共识条件,以及波动个体的意见波动范围。

**定义 7** 对于社会网络 $G(V,E)$ 上任意个体 $v_i \in V_S$,初始意见 $\bar{x}_i(0) = [\bar{x}_i^L(0), \bar{x}_i^U(0)] \subseteq [0,1]$,如果存在一个恒定的区间 $[c_{V_S}^L, c_{V_S}^U] \subseteq [0,1]$,使得 $\lim_{t \to \infty} \bar{x}_i^L(t) = c_{V_S}^L$ 且 $\lim_{t \to \infty} \bar{x}_i^U(t) = c_{V_S}^U$,那么 $[c_{V_S}^L, c_{V_S}^U]$ 被称为稳定个体的共识。

如果 $c_{V_S}^L = c_{V_S}^U$,那么稳定个体形成精确共识,否则形成区间共识。

**定理 3** (1)当且仅当社会网络 $G(V,E)$ 上 $V_G^{leader} \neq \varnothing$ 时,所有的稳定个体 $V_S$ 能够达成共识。(2)所有稳定个体的共识意见能够用意见领袖的初始意见来表示,即 $[c_{V_S}^L, c_{V_S}^U] \subseteq [\sum_{v_i \in V_G^{leader}} \lambda_i \bar{x}_i^L(0), \sum_{v_i \in V_G^{leader}} \lambda_i \bar{x}_i^U(0)]$,$\sum \lambda_i = 1$ 且 $\lambda_i > 0$。

证明:根据定理 1 和定理 2,网络划分算法推论 1 和推论 2,很容易获得定理 3。

定理 3 提供了稳定个体达成共识的条件,即:当且仅当社会网络上意见领袖的集合非空时,所有的稳定个体能够达成共识。同时,稳定个体的共识意见能够用社会网络上所有意见领袖的初始意见的线性组合来表示。

让 $d_i(t)$ 表示个体 $v_i$ 在 $t$ 时刻的意见宽度,其中 $d_i(t) = \bar{x}_i^U(t) - \bar{x}_i^L(t)$。

**定理 4** 当 $V_G^{leader} \neq \varnothing$,如果 $v_i \in V_0$,那么存在一个时间 $T$,使得当 $t \geq T$ 时,$[\bar{x}_i^L(t), \bar{x}_i^U(t)] \subset [c_{leader}^L, c_{leader}^U]$ 且 $d_i(t+1) = d_i(t)$。

证明:根据定理 2 的证明,易知定理 4。

定理 4 表明:当社会网络中意见领袖的集合非空时,在经历足够长时间的舆情演化后,波动个体的意见在意见领袖的共识区间内波动,且波动个体的意见宽度保持不变。

**推论 4** 当 $V_G^{leader} = \varnothing$,让 $G^{(\tau)}(V^{(\tau)}, E^{(\tau)})$ 和 $G^{(s)}(V^{(s)}, E^{(s)})$ $(\tau, s \in \{1, 2, \cdots, l\}, l > 1, \tau \neq s)$ 表示子网集合 $M$ 中的任意两个子网。对于任意个体 $v_i \in V_0$,存在一个时间 $T$,使得当 $t \geq T$ 时,那么:

（1）如果 $v_i \in V^{(s)}$ 且 $v_i \notin V^{(\tau)}$，那么 $[\bar{x}_i^L(t), \bar{x}_i^U(t)] \subset [c_{\text{leader}}^{L,(s)}, c_{\text{leader}}^{U,(s)}]$ 且 $d_i(t+1) = d_i(t)$；

（2）如果 $v_i \in V^{(s)} \cap V^{(\tau)}$，那么 $[\bar{x}_i^L(t), \bar{x}_i^U(t)] \subset [\min\{c_{\text{leader}}^{L,(\tau)}, c_{\text{leader}}^{L,(s)}\}, \max\{c_{\text{leader}}^{U,(\tau)}, c_{\text{leader}}^{U,(s)}\}]$ 且 $d_i(t+1) = d_i(t)$。

证明：根据推论 2 和推论 3，以及定理 4，很容易得到推论 4。

推论 4 表明：当社会网络中意见领袖的集合为空集时，通过网络划分算法划分子网，若波动个体只属于某一个子网，那么在经过足够长时间的舆情演化后，该波动个体的意见只在该子网的意见领袖的共识区间内波动，且波动个体的意见宽度保持不变；若波动个体同属于几个不同的子网，那么经过足够长时间的舆情演化后，该波动个体的意见在这几个子网的意见领袖的共识区间的左边最小值和右边最大值范围内波动，且波动个体的意见宽度保持不变。

定理 4 和推论 4 提供了一种方法来判断波动个体的意见波动范围。

# 2.4 数值分析

这一节将提出一些数值算例和分析来说明 SNUDG 模型中的稳定状态和共识状态。

在算例中，用 △ 表示不确定容忍和精确初始意见的个体；□ 表示不确定容忍和区间初始意见的个体；☆ 表示精确偏好和精确初始意见的个体；○ 表示精确偏好和区间初始意见的个体。

## 2.4.1 稳定个体的共识分析

在下面的例 1 中，考虑 $V_G^{\text{leader}} \neq \varnothing$ 的多种情形。

例 1：让 $V = \{v_1, v_2, v_3, v_4, v_5\}$ 表示 5 个个体，考虑社会网络上意见领袖维度（$m = 1$ 或 $m \geq 2$），不确定容忍或精确偏好维度，区间意见或精确意见维度，精确偏好或不确定容忍随众维度,共16种情形,如图2.1所示。

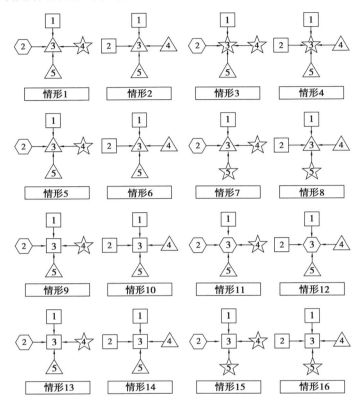

图 2.1　例 1 中社会网络上 5 个个体的 16 种情形

让个体 $v_i(i=1,2,\cdots,5)$ 信任自身意见的权重为 $\beta_i=0.5$,个体的初始意见表示为 $\overline{X}(0)=(\overline{x}_1(0),\overline{x}_2(0),\overline{x}_3(0),\overline{x}_4(0),\overline{x}_5(0))^{\mathrm{T}}$。在情形 1—8,5 个个体的初始意见为:

$$\overline{x}_1(0)=[\overline{x}_1^L(0),\overline{x}_1^U(0)]=[0.2,0.5];\overline{x}_2(0)=[\overline{x}_2^L(0),\overline{x}_2^U(0)]=[0.7,0.9];$$

$$\overline{x}_3(0)=[\overline{x}_3^L(0),\overline{x}_3^U(0)]=[0.6,0.6];\overline{x}_4(0)=[\overline{x}_4^L(0),\overline{x}_4^U(0)]=[0.1,0.1];$$

$\overline{x}_5(0)=[\overline{x}_5^L(0),\overline{x}_5^U(0)]=[0.8,0.8]$。在情形 9—16 中,个体 $v_3$ 的初始意见替换为 $\overline{x}_3(0)=[\overline{x}_3^L(0),\overline{x}_3^U(0)]=[0.5,0.65]$,其他个体的初始意见与情形 1—8相同。

让 $m$ 表示社会网络上意见领袖的个数，$V_{\text{leader}(u)}(0)$ 表示区间初始意见的意见领袖的集合，$V_{\text{leader}(0)}(0)$ 表示精确初始意见的意见领袖的集合，其中 $V_{\text{leader}(0)}(0) \cup V_{\text{leader}(u)}(0) = V_{\text{G}}^{\text{leader}}$，$V_{\text{leader}(0)}(0) \cap V_{\text{leader}(u)}(0) = \varnothing$。让 $V_{\text{G}}^{\text{leader}(w)}$ 表示精确偏好的意见领袖的集合，$V_{\text{G}}^{\text{leader}(u)}$ 表示不确定容忍的意见领袖的集合，其中 $V_{\text{G}}^{\text{leader}(w)} \cup V_{\text{G}}^{\text{leader}(u)} = V_{\text{G}}^{\text{leader}}$ 且 $V_{\text{G}}^{\text{leader}(w)} \cap V_{\text{G}}^{\text{leader}(u)} = \varnothing$。让 $V_{\text{G}}^{\text{follower}(w)}$ 表示精确偏好的随众的集合，$V_{\text{G}}^{\text{follower}(u)}$ 表示不确定容忍的随众的集合，其中 $V_{\text{G}}^{\text{follower}(w)} \cup V_{\text{G}}^{\text{follower}(u)} = V_{\text{G}}^{\text{follower}}$ 且 $V_{\text{G}}^{\text{follower}(w)} \cap V_{\text{G}}^{\text{follower}(u)} = \varnothing$。

①在情形 1—8 中，表达区间初始意见的意见领袖的集合为空，即：$V_{\text{leader}(u)}(0) = \varnothing$；在情形 9—16 中，表达区间初始意见的意见领袖的集合非空，即：$V_{\text{leader}(u)}(0) \neq \varnothing$。

②在情形 1—4 和 9—12 中，只有一个意见领袖（$m = 1$）；在情形 5—8 和 13—16 中，存在两个意见领袖（$m = 2$）。

③在情形 1—2，5—6，9—10 和 13—14 中，精确偏好意见领袖的集合为空集（$V_{\text{G}}^{\text{leader}(w)} = \varnothing$）；在情形 3—4，7—8，11—12 和 15—16 中，精确偏好意见领袖的集合为非空集合（$V_{\text{G}}^{\text{leader}(w)} \neq \varnothing$）。

④在情形 1、3、5、7、9、11、13 和 15 中，精确偏好的随众的集合为非空集合（$V_{\text{G}}^{\text{follower}(w)} \neq \varnothing$）；在情形 2、4、6、8、10、12、14 和 16 中，精确偏好的随众的集合为空集（$V_{\text{G}}^{\text{follower}(w)} = \varnothing$）。

模拟情形 1—16 中意见的演化：

（1）在情形 1—8 中，意见演化的仿真模拟结果如图 2.2 所示，所有的个体都是稳定个体且稳定个体的共识意见是精确意见。因为：

①在情形 1—4 中，$V_{\text{G}}^{\text{leader}} = \{v_3\} \neq \varnothing$ 且 $V_{\text{leader}(u)}(0) = \varnothing$；

②在情形 5—8 中，$V_{\text{G}}^{\text{leader}} = \{v_3, v_5\} \neq \varnothing$ 且 $V_{\text{leader}(u)}(0) = \varnothing$。

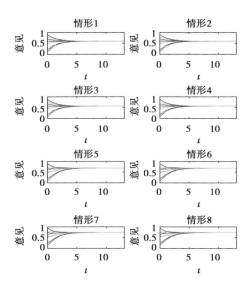

图 2.2　例 1 中情形 1—8 的意见演化仿真模拟结果

（2）在情形 9—16 中，意见演化的仿真模拟结果如图 2.3 所示。

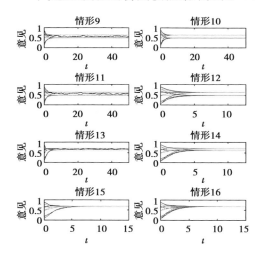

图 2.3　例 1 中情形 9—16 的意见演化仿真模拟结果

在情形 9 和情形 11 中，因为 $V_{\mathrm{G}}^{\mathrm{leader}} = \{v_3\} \neq \varnothing, V_{\mathrm{leader}(u)}(0) = \{v_3\} \neq \varnothing$ 且 $V_{\mathrm{G}}^{\mathrm{follower}(w)} = \{v_2, v_4\} \neq \varnothing$，那么 $V_{\mathrm{O}} = \{v_2, v_4\}, V_{\mathrm{S}} = \{v_1, v_3, v_5\}$。在情形 13 中，因为 $V_{\mathrm{G}}^{\mathrm{leader}} = \{v_3, v_5\} \neq \varnothing, V_{\mathrm{leader}(u)}(0) = \{v_3\} \neq \varnothing, V_{\mathrm{G}}^{\mathrm{leader}(w)} = \varnothing$ 且 $V_{\mathrm{G}}^{\mathrm{follower}(w)} = \{v_2, v_4\} \neq \varnothing$，

那么 $V_O = \{v_2, v_4\}$，$V_S = \{v_1, v_3, v_5\}$。特别地，在情形 9、11 和 13 中，稳定个体的共识意见是区间意见，当意见的演化迭代时间 $t$ 足够大时，波动个体的意见在稳定个体的共识意见区间中波动。

表 2.2 例 1 中情形 1～16 的意见演化结果

| 情形 | $V_G^{leader}$ | $V_S$ | $V_O$ | $[c_{V_S}^L, c_{V_S}^U]$ | $[\overline{x_i^L}(t), \overline{x_i^U}(t)] \subset [c_{leader}^{L,(s)}, c_{leader}^{U,(s)}]$ |
|------|------|------|------|------|------|
| 情形 1 | $v_3$ | $V$ | $\varnothing$ | 0.6 | — |
| 情形 2 | $v_3$ | $V$ | $\varnothing$ | 0.6 | — |
| 情形 3 | $v_3$ | $V$ | $\varnothing$ | 0.6 | — |
| 情形 4 | $v_3$ | $V$ | $\varnothing$ | 0.6 | — |
| 情形 5 | $v_3, v_5$ | $V$ | $\varnothing$ | 0.7 | — |
| 情形 6 | $v_3, v_5$ | $V$ | $\varnothing$ | 0.7 | — |
| 情形 7 | $v_3, v_5$ | $V$ | $\varnothing$ | 0.7 | — |
| 情形 8 | $v_3, v_5$ | $V$ | $\varnothing$ | 0.7 | — |
| 情形 9 | $v_3$ | $v_1, v_3, v_5$ | $v_2, v_4$ | $[0.5, 0.65]$ | $[0.5, 0.65]$ |
| 情形 10 | $v_3$ | $V$ | $\varnothing$ | $[0.5, 0.65]$ | — |
| 情形 11 | $v_3$ | $v_1, v_3, v_5$ | $v_2, v_4$ | $[0.5, 0.65]$ | $[0.5, 0.65]$ |
| 情形 12 | $v_3$ | $V$ | $\varnothing$ | $[0.5, 0.65]$ | — |
| 情形 13 | $v_3, v_5$ | $v_1, v_3, v_5$ | $v_2, v_4$ | $[0.65, 0.725]$ | $[0.65, 0.725]$ |
| 情形 14 | $v_3, v_5$ | $V$ | $\varnothing$ | $[0.65, 0.725]$ | — |
| 情形 15 | $v_3, v_5$ | $V$ | $\varnothing$ | 0.7070 | — |
| 情形 16 | $v_3, v_5$ | $V$ | $\varnothing$ | 0.6728 | — |

表 2.2 展示的是例 1 中情形 1～16 的意见演化结果，包含意见领袖集合、稳定个体集合、波动个体集合、稳定个体共识意见和波动个体的意见演化范围。

在情形 10、12 和 14 中，所有的个体都是稳定个体且稳定个体的共识意见

是数值区间意见,这是因为:

①在情形 10 和 12 中,$V_G^{\text{leader}} = \{v_3\} \neq \varnothing, V_{\text{leader}(u)}(0) = \{v_3\} \neq \varnothing$ 且 $V_G^{\text{follower}(w)} = \varnothing$。

②在情形 14 中,$V_G^{\text{leader}} = \{v_3, v_5\} \neq \varnothing, V_{\text{leader}(u)}(0) = \{v_3\} \neq \varnothing, V_G^{\text{leader}(w)} = \varnothing$ 且 $V_G^{\text{follower}(w)} = \varnothing$。

(3)在情形 15 和 16 中,所有的个体都是稳定个体,且稳定个体的共识意见是精确意见,这是因为:$V_G^{\text{leader}} = \{v_3, v_5\} \neq \varnothing, V_{\text{leader}(u)}(0) = \{v_3\} \neq \varnothing$ 且 $V_G^{\text{leader}(w)} = \{v_5\} \neq \varnothing$。

由图 2.2 和图 2.3 的仿真结果和分析可知,16 种情形都满足定理 1—4。

## 2.4.2 稳定个体的分裂分析

在下述的例 2 中,考虑 $V_G^{\text{leader}} = \varnothing$ 的情形。

在社会网络 $G(V, E)$ 中,让 $V = \{v_1, v_2, \cdots, v_9\}$ 表示 9 个个体的集合,如图 2.4 所示。让个体 $v_i(i = 1, 2, \cdots, 9)$ 信任自身意见的权重为 $\beta_i = 0.5$。在例 2 中,所有 9 个个体的初始意见如下:

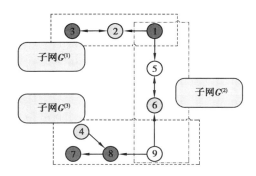

图 2.4　例 2 中的社会网络 $G(V, E)$

$\bar{x}_1(0) = [\bar{x}_1^L(0), \bar{x}_1^U(0)] = [0.05, 0.05]; \bar{x}_2(0) = [\bar{x}_2^L(0), \bar{x}_2^U(0)] = [0.10, 0.20];$

$\bar{x}_3(0) = [\bar{x}_3^L(0), \bar{x}_3^U(0)] = [0.25, 0.25]; \bar{x}_4(0) = [\bar{x}_4^L(0), \bar{x}_4^U(0)] = [0.40, 0.45];$

$\bar{x}_5(0) = [\bar{x}_5^L(0), \bar{x}_5^U(0)] = [0.55, 0.55]; \bar{x}_6(0) = [\bar{x}_6^L(0), \bar{x}_6^U(0)] = [0.65, 0.75];$

$\bar{x}_7(0) = [\bar{x}_7^L(0), \bar{x}_7^U(0)] = [0.8, 0.95]; \bar{x}_8(0) = [\bar{x}_8^L(0), \bar{x}_8^U(0)] = [0.35, 0.35];$

$\bar{x}_9(0) = [\bar{x}_9^L(0), \bar{x}_9^U(0)] = [0.85, 0.85]$。

因为 $V_G^{leader} = \varnothing$，根据网络划分算法[13]，那么图 2.4 中社会网络 $G(V, E)$ 可以划分为 3 个子网，即：$M = \{G^{(1)}(V^{(1)}, E^{(1)}), G^{(2)}(V^{(2)}, E^{(2)}), G^{(3)}(V^{(3)}, E^{(3)})\}$，其中 $V^{(1)} = \{v_1, v_2, v_3\}$，$V^{(2)} = \{v_1, v_5, v_6, v_9\}$，$V^{(3)} = \{v_4, v_7, v_8, v_9\}$，如图 2.4 子网 $G^{(1)}$、$G^{(2)}$ 和 $G^{(3)}$ 所示。

根据稳定个体和波动个体的识别算法，可得 $V_0 = \{v_1, v_4, v_8, v_9\}$，$V_S = \{v_2, v_3, v_5, v_6, v_7\}$。为了展示所有稳定个体达到稳定状态，我们设置意见迭代时间从 $0 \sim 20$。社会网络 $G(V, E)$，以及各子网 $G^{(i)}(V^{(i)}, E^{(i)})(i = 1, 2, 3)$ 上个体的意见演化分别如图 2.5(a) ~ (d) 所示。

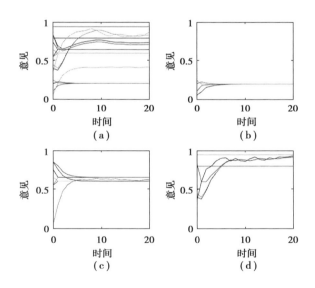

图 2.5　例 2 社会网络 $G(V, E)$ 及其子网中个体意见演化的过程

在图 2.5(a) 表明，社会网络 $G(V, E)$ 上的稳定个体之间不能达成共识，但是在图 2.5(b)—(d) 中，各子网 $G^{(1)}(V^{(1)}, E^{(1)})$，$G^{(2)}(V^{(2)}, E^{(2)})$ 和 $G^{(3)}(V^{(3)}, E^{(3)})$ 中的稳定个体分别能够达成共识。

在图 2.5(a) 中，$V_0 = \{v_1, v_4, v_8, v_9\}$，$V_S = \{v_2, v_3, v_5, v_6, v_7\}$，因为：

①在子网 $G^{(1)}(V^{(1)}, E^{(1)})$ 中，$V_0^{(1)} = \varnothing$，$V_S^{(1)} = \{v_1, v_2, v_3\}$，如图 2.5(b) 所示；

②在子网 $G^{(2)}(V^{(2)},E^{(2)})$ 中，$V_0^{(2)}=\{v_1\}$，$V_S^{(2)}=\{v_5,v_6,v_9\}$，如图 2.5(c)所示；

③在子网 $G^{(3)}(V^{(3)},E^{(3)})$ 中，$V_0^{(3)}=\{v_4,v_8,v_9\}$，$V_S^{(3)}=\{v_7\}$，如图 2.5(d)所示。

为了更好的展示意见领袖集合、稳定个体集合、波动个体集合以及稳定个体的意见，总结后见表 2.3。

表 2.3    例 2 中所有个体的意见演化结果

| | $G^{(1)}(V^{(1)},E^{(1)})$ | $G^{(2)}(V^{(2)},E^{(2)})$ | $G^{(3)}(V^{(3)},E^{(3)})$ | $G(V,E)$ |
|---|---|---|---|---|
| $V_{G^{(k)}}^{\text{leader}}$ | $v_2,v_3$ | $v_5,v_6$ | $v_7$ | $\varnothing$ |
| $V_S$ | $v_1,v_2,v_3$ | $v_5,v_6,v_9$ | $v_7$ | $v_2,v_3,v_5,v_6,v_7$ |
| $V_0$ | $\varnothing$ | $v_1$ | $v_4,v_8,v_9$ | $v_1,v_4,v_8,v_9$ |
| $[c_{V_S}^L,c_{V_S}^U]$ | 0.190 4 | $[0.6,0.65]$ | $[0.8,0.95]$ | 分裂 |

在网络 $G(V,E)$ 及其子网 $G^{(2)}(V^{(2)},E^{(2)})$ 和 $G^{(3)}(V^{(3)},E^{(3)})$ 中均存在波动个体。对于波动个体的意见波动范围，在子网 $G^{(2)}(V^{(2)},E^{(2)})$ 中，$\bar{x}_1(20)\subset[0.6,0.65]$；在子网 $G^{(3)}(V^{(3)},E^{(3)})$ 中，$\bar{x}_i(20)\subset[0.8,0.95]$，$i=4,8,9$；在网络 $G(V,E)$ 中，$v_1=G^{(1)}\cap G^{(2)}$，$\bar{x}_1(20)\subset[0.190\ 4,0.65]$，$v_4,v_8\in G^{(3)}$，$\bar{x}_4(20)$，$\bar{x}_8(20)\subset[0.8,0.95]$，$v_9=G^{(2)}\cap G^{(3)}$，$\bar{x}_9(20)\subset[0.6,0.95]$，$d_1(t)=d_4(t)=d_8(t)=0$，$d_9(t)=0.025$。

很容易发现例 2 中的意见演化结果满足定理 1—4 以及推论 1—4。

## 2.5    本章小结

在现有的舆情演化模型中，意见的表达类型大多采用精确意见表达的方式，例如，离散意见或连续意见。事实上，当人们面对复杂问题时，由于知识和经验的局限，他们往往不能够给出精确的意见，而是表达不确定意见，例如区间意见。换句话说，不确定意见是不确定舆情表达的主要形式，且更贴近现实。

同时不确定舆情往往在一个社会网络上进行演化。为了揭示社会网络下不确定舆情演化的相关规律,本章提出了基于 DeGroot 模型框架下的社会网络不确定舆情演化模型,即社会网络不确定 DeGroot 舆情演化(SNUDG)模型。研究结果表明:

(1)当意见领袖的集合为非空集合时,社会网络上所有的意见领袖都是稳定个体,且能够形成意见领袖的共识。当共识意见的左边等于右边时,意见领袖形成精确共识,否则形成区间共识。同时,意见领袖的共识意见能够用所有意见领袖的初始意见的线性组合来表示。

(2)当意见领袖的集合为空集时,通过网络划分算法划分子网,每个子网的意见领袖都是稳定个体,且能够形成子网意见领袖的共识。如果子网意见领袖的共识意见左边与右边相等,那么子网的意见领袖形成精确共识,反之则形成区间共识。同时,子网中意见领袖的共识意见能够用子网中所有意见领袖的初始意见的线性组合来表示。

(3)当意见领袖的集合非空集时,若意见领袖的共识意见是区间意见,且精确偏好随众的集合非空,那么波动意见个体的集合为精确偏好随众的集合与信任精确偏好随众的不确定容忍随众的集合的并集;否则,波动意见个体的集合为空集。这提供了判断稳定个体达成共识的条件,即:当且仅当社会网络上意见领袖的集合非空集时,所有的稳定个体能够达成共识。同时,稳定个体的共识意见能够用社会网络上所有意见领袖的初始意见的线性组合来表示。

(4)当社会网络中意见领袖的集合非空集时,在经历足够长时间的舆情演化后,波动个体的意见在意见领袖的共识意见范围内波动,且波动个体的意见宽度保持不变。

(5)当社会网络中意见领袖的集合为空集时,通过网络划分算法划分子网,若波动个体只属于某一个子网,那么在经过足够长时间的舆情演化后,该波动个体的意见只在该子网的意见领袖的共识区间内波动,且波动个体的意见宽度保持不变;若波动个体同属于几个不同的子网,那么经过足够长时间的舆情演化后,该波动个体的意见在这几个子网的意见领袖的共识区间的左边最小值和右边最大值范围内波动,且波动个体的意见宽度保持不变。

对于政府和组织而言,了解人们对某个问题或事件的意见以及他们意见所形成的舆情的演化非常重要。本章提出的 SNUDG 模型,调查了社会网络和不确定意见下一群相互交互的个体之间不确定舆情演化的形成过程。研究结果能够为政府或组织分析社会网络不确定舆情的演化回答以下 3 个问题:(1)在社会网络和不确定意见下哪些个体最终会持稳定的意见?(2)怎样估计意见始终不稳定的个体的意见波动范围?(3)意见能够形成稳定状态的个体达成共识的条件?

# 3 社会网络结构对不确定 HK 舆情演化的影响

舆情常常借助社会网络进行演化,生活中常见的社会网络平台主要有微信、微博、脸书和推特等,社会网络对舆情的演化发挥着不可替代的作用。以往的研究表明,社会网络结构对精确意见交互形成的精确舆情演化有着非常重要的影响,本章建立社会网络不确定 HK 舆情演化模型,重点研究社会网络结构对不确定 HK 舆情演化的影响。

首先,利用不同群体规模和网络连接概率的 ER 无向随机网络定义了不同的随机网络结构,并通过详细的仿真实验,调查了随机网络结构对不确定舆情演化的影响。其次,通过理论分析和数值算例分析研究了 SNUHK 模型中每个时刻个体表达的不确定意见比例以及每个时刻不确定意见平均宽度的演化规律。最后,利用仿真实验分析了在相同网络规模和网络平均度下 ER 随机网络、WS 小世界网络和 BA 无标度网络这 3 种不同网络结构对稳定时刻不确定舆情演化中不确定意见比例和不确定意见平均宽度的影响。本章内容主要分为以下 4 个部分:(1)社会网络不确定 HK 舆情演化模型;(2)随机网络结构对不确定 HK 舆情演化的影响;(3)三种不同社会网络对不确定 HK 舆情演化的影响;(4)本章小结。

# 3.1　社会网络下不确定 HK 舆情演化模型

下面基于不确定意见形成模型[134]和社会网络[61-64],提出社会网络不确定 HK 舆情演化模型,简写为 SNUHK 模型。

在 SNUHK 模型中,假设当人们在面对某一问题表达意见时,他们利用精确数表达精确意见,利用数值区间表达不确定意见。

在 SNUHK 模型中,对于任意的个体 $p \in \{1, 2, \cdots, N\}$,其 $t$ 时刻的意见表示为:$x_p(t) = [x_p^L(t), x_p^U(t)] \subseteq [0, 1] (t = 0, 1, 2, \cdots)$。让 $\delta_p(t)$ 表示个体 $p(p = 1, 2, \cdots, N)$ 在 $t$ 时刻的意见宽度,其中 $\delta_p(t) = x_p^U(t) - x_p^L(t)$。明显地,$\delta_p(t) \in [0, 1]$。特别地,如果 $\delta_p(t) > 0$,那么个体 $p$ 表达不确定意见,否则个体 $p$ 表达精确意见。此外,不确定意见宽度越大,表示意见越不确定。$N$ 个个体在 $t$ 时刻表达的意见向量表示为 $\boldsymbol{X}(t) = (x_1(t), x_2(t), \cdots, x_N(t))^{\mathrm{T}} (t = 0, 1, 2, \cdots)$。

在 SNUHK 模型中,假设不确定意见在无向社会网络 $G(V, E)$ 上进行演化,$N$ 个个体的集合用 $V = \{1, 2, \cdots, N\}$ 进行表示,而 $E$ 则表示个体间边的集合。边 $(p, q) \in E$ 意味着个体 $p$ 与个体 $q$ 之间相互交流。

让 $\boldsymbol{A} = (a_{pq})_{N \times N}$ 表示社会网络 $G(V, E)$ 的邻接矩阵,如果 $(p, q) \in E$,那么 $a_{pq} = 1$;否则 $a_{pq} = 0$。让 $\beta_p \in (0, 1)$ 表示个体 $p$ 信任自身意见的权重,$w_{pq}(t)$ 表示其在时间 $t$ 信任其他个体 $q$ 的权重,其中 $\sum_{q \neq p} w_{pq}(t) = 1 - \beta_p$。

受 HK 边界信任模型[32,134]的启发,在 SNUHK 模型中,考虑网络连边的集合 $E$ 以及 HK 边界信任,可计算出权重 $w_{pq}(t)$ 如式(3.1)所示。让 $I(p, X(t)) = \{q \mid q \neq p, a_{pq} = 1, d_{pq}(t) \leq \varepsilon\}$ 表示个体 $p$ 在 $t$ 时刻的信任集,其中 $\varepsilon$ 表示边界信任,$d_{pq}(t)$ 表示意见 $x_p(t)$ 与意见 $x_q(t)$ 之间的欧氏距离,即:$d_{pq}(t) = \sqrt{\frac{1}{2} [(x_p^L(t) - x_q^L(t))^2 + (x_p^U(t) - x_q^U(t))^2]}$。那么个体 $p$ 在 $t$ 时刻信任个体 $q$ 的

权重 $w_{pq}(t)$ 可以表示为:

$$w_{pq}(t) = \begin{cases} \dfrac{1-\beta_p}{\#I(p,X(t))}, & q \in I(p,X(t)) \\ 0, & q \notin I(p,X(t)) \end{cases}, p=1,2,\cdots,N \qquad (3.1)$$

其中,$\#I(p,X(t))$ 表示信任集 $I(p,X(t))$ 中个体 $p$ 信任其他个体的数目。

参照 Liang 等人[134]提出的假设,由于文化背景和特征的不同,当人们面对不确定意见时会展现出不同的不确定容忍。例如,一些个体希望只与精确意见进行交流。因此,在 SNUHK 模型中,所有的个体会分为两类:(1)不确定容忍个体,其能够直接与精确意见和不确定意见进行交流;(2)精确偏好个体,其只与精确意见进行交流。因此当面对不确定意见时,精确偏好个体会从面对的不确定意见中随机选择一个精确意见进行交流。

为了简化符号,让 $V^U$ 表示不确定容忍个体的集合,$V^W$ 表示精确偏好个体的集合。明显地,$V^U \cup V^W = V$ 且 $V^U \cap V^W = \varnothing$。

情形 A:对于任意的个体 $p \in V^U$,由于其可以直接与个体 $q(p \neq q)$ 进行交流,不论个体 $q$ 表达精确意见还是不确定意见。个体 $p \in V^U$ 的意见演化方程可描述为:

$$x_p^L(t+1) = \beta_p x_p^L(t) + \sum_{q \in I(p,X(t))} w_{pq}(t) x_q^L(t), p \in V^U, \qquad (3.2)$$

$$x_p^U(t+1) = \beta_p x_p^U(t) + \sum_{q \in I(p,X(t))} w_{pq}(t) x_q^U(t), p \in V^U。 \qquad (3.3)$$

情形 B:对于任意的个体 $p \in V^W$,如果个体 $p$ 在 $t$ 时刻信任个体 $q$ 表达的不确定意见 $[x_q^L(t), x_q^U(t)]$ $(x_q^L(t) < x_q^U(t))$,那么个体 $p$ 将选择一个精确意见 $\xi_{pq}(t) \in [x_q^L(t), x_q^U(t)]$ 作为个体 $q$ 在时刻 $t$ 的意见进行意见演化。个体 $p \in V^W$ 的意见演化方程可描述为:

$$x_p^L(t+1) = \beta_p x_p^L(t) + \sum_{q \in I(p,X(t))} w_{pq}(t) \xi_{pq}(t), p \in V^W, \qquad (3.4)$$

$$x_p^U(t+1) = \beta_p x_p^U(t) + \sum_{q \in I(p,X(t))} w_{pq}(t) \xi_{pq}(t), p \in V^W。 \qquad (3.5)$$

特别地,如果 $I(p,X(t)) = \varnothing$,那么 $x_p(t+1) = x_p(t)$。

# 3.2　随机网络结构对不确定 HK 舆情演化的影响

下面通过仿真实验研究调查随机网络结构对不确定 HK 舆情演化的影响。

在现实生活中,人们有很多机会在社会网络上获取信息和分享他们的意见,例如微信、微博等。以往的研究揭示了社会网络结构对理解复杂系统有着非常重要的贡献。在本节的仿真实验中,我们利用带有不同网络规模和网络连接概率的 ER 随机网络来描述社会网络结构。让 $G(N,\text{pr})$ 表示 ER 随机网络,其中 $N$ 表示网络上个体的规模,$\text{pr}(\text{pr}\in[0,1])$ 表示网络的连接概率。随着 pr 的增加,ER 随机网络将展现出连通性,即:当 $\text{pr}>\text{pr}_c\approx\ln(N)/N$ 时,那么几乎每一个随机网络都是连通的。

利用仿真实验研究发现,在社会网络不确定 HK 舆情演化模型中,由于社会网络采用无向网络进行模拟,群体的意见最终会形成稳定状态。由此选择 5 个指标来调查社会网络结构对不确定 HK 舆情演化的影响,即稳定时间、聚类数量、极小类比例、不确定意见比例和不确定意见平均宽度[134,140,141]。

1)稳定时间($T$)

$T$ 是指所有意见形成稳定的最短时间。在仿真实验中,定义稳定时间如下:若

$$\|X(t+1)-X(t)\|_1\leq\varphi,\tag{3.6}$$

那么所有的意见形成稳定,其中 $\|X\|_1=\sum_{p=1}^{N}|x_p|$。在本节中,设定 $\varphi=10^{-4}$。

2)聚类数量(NC)

NC 表示稳定时刻不同意见类的数量。当 NC = 1 时,表示稳定时刻群体的意见会达成共识,否则群体的意见会形成分裂。聚类数量 NC 值越大,表示群体的意见越分裂。在仿真实验中,让 $x_p(t^*)$ 和 $x_q(t^*)$ 分别表示个体 $p$ 和 $q$ 在稳定时刻 $t^*$ 的意见,在保留四位有效数字下,如果 $x_p(t^*)=x_q(t^*)$,那么我们认为个

体 $p$ 和 $q$ 的意见是一个相同的意见类。

3）极小类比例（RENC）

让 $M = \{M_1, M_2, \cdots, M_{NC}\}$ 表示稳定时刻意见类的集合，其中 $M_i$ 表示第 $i$ 个意见类，$i = 1, 2, \cdots, NC$。基于 Liang 等人[134]的研究，如果 $\#M_i \leq \varepsilon N/2$，那么 $M_i$ 是一个极小类。因此，极小类比例 RENC 能够被描述为：

$$\mathrm{RENC} = \frac{\#\mathrm{ENC}}{\mathrm{NC}}, \tag{3.7}$$

其中#ENC 表示稳定时刻极小类的数量。

4）不确定意见比例（$S^*$）

让 $\mathrm{UO} = \{V_p \mid x_p^U(t^*) > x_p^L(t^*), p = 1, 2, \cdots, N\}$ 表示在稳定时刻 $t^*$ 时，个体表达不确定意见的集合，#UO 表示集合 UO 中表达不确定意见的个体数量。那么 $S^*$ 可表示为：

$$S^* = \frac{\#\mathrm{UO}}{N}。 \tag{3.8}$$

5）不确定意见平均宽度（WU）

让不确定意见集合 UO 和表达不确定意见的个体数#UO 如前面定义所述。那么稳定时刻不确定意见平均宽度可表示为：

$$\mathrm{WU} = \frac{1}{\#\mathrm{UO}} \sum_{p \in \mathrm{UO}} \left( x_p^U(t^*) - x_p^L(t^*) \right)。 \tag{3.9}$$

让 $R \in (0,1)$ 表示不确定容忍个体的比例，$S \in (0,1)$ 表示初始时刻个体表达的不确定意见比例。我们从 ER 随机社会网络 $G(N, \mathrm{pr})$ 中随机均匀的选择 $R \times N$ 个不确定容忍个体，用集合 $V^U$ 表示，那么其他的个体则为精确偏好个体，用集合 $V^W$ 表示。如果个体 $p \in V^W$ 且 $q \in I(p, X(t))$，那么在仿真实验中，个体 $p$ 将在区间意见 $[x_q^L(t), x_q^U(t)]$ 中随机均匀的选择一个精确意见 $\xi_{pq}(t)$ 作为个体 $q$ 在 $t$ 时刻的意见来更新个体 $p$ 在 $t+1$ 时刻的意见，即 $\xi_{pq}(t) \in [x_q^L(t), x_q^U(t)]$。

我们随机均匀地选择 $S \times N$ 个个体在初始时刻表达不确定意见，那么其他个体在初始时刻则表达精确意见。初始意见的生成过程如下：先随机均匀产生 $N$

个精确意见 $y_p(0)$ $(p=1,2,\cdots,N)$，如果个体 $p$ 表达精确意见，那么 $x_p(0)=y_p(0)$；如果个体 $p$ 表达不确定意见，那么在 $[0,1]$ 之间再随机产生一个精确数 $\lambda_p$，即 $\lambda_p \in [0,1]$，那么个体 $p$ 在初始时刻表达的不确定意见可以表示为：$x_p(0)=[x_p^L(0),x_p^U(0)]$，其中 $x_p^L(0)=\max\{0,y_p(0)-\lambda_p/2\}$ 且 $x_p^U(0)=\min\{1,y_p(0)+\lambda_p/2\}$。显然地，对于任意的 $p=1,2,\cdots,N$，都有 $x_p(0) \subseteq [0,1]$。

在仿真实验中，让 $N$ 的变化范围为 $100 \sim 500$，网络连接概率的变化范围为 $0.001 \sim 0.9$。让不确定容忍个体的比例 $R=0.2,0.5,0.8$，初始时刻表达不确定意见的个体比例 $S=0.2,0.5,0.8$。在最大意见宽度 $\delta=1$ 下随机产生初始意见。让个体的自信任权重 $\beta=0.5$，边界信任 $\varepsilon=0.1$。

通过设定不同的 $N$、pr、$R$ 和 $S$ 值，利用演化方程（3.2）—方程（3.5），模拟不确定意见的形成和演化。在经过 500 次独立重复模拟实验后，获得了稳定时间 $T$ 的平均值、聚类数量 NC 的平均值、极小类比例 RENC 的平均值、不确定意见比例 $S^*$ 的平均值和不确定意见平均宽度 WU 的平均值，分别如图 3.1—图 3.5 所示。

### 3.2.1 稳定时间

图 3.1 展现的是在经过 500 次独立重复实验后，在不同个体规模 $N$、网络连接概率 pr、不确定容忍个体比例 $R$ 和初始时刻表达不确定意见的个体比例 $S$ 下，稳定时间 $T$ 的平均值。

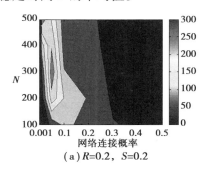
（a）$R=0.2$，$S=0.2$

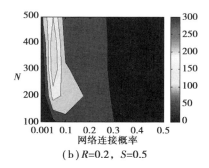
（b）$R=0.2$，$S=0.5$

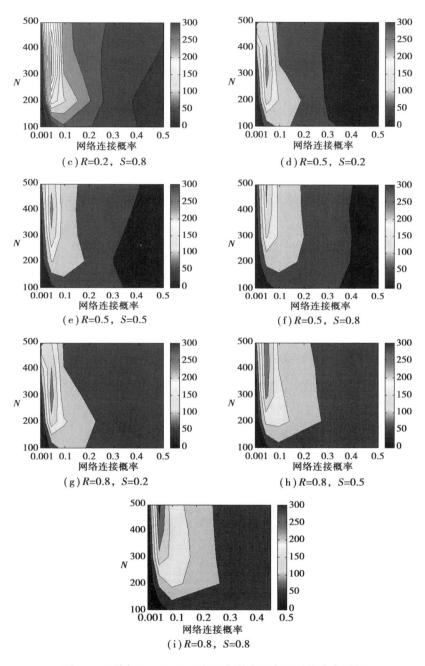

图 3.1    不同 $N$、pr、$R$ 和 $S$ 这四个影响因素下平均稳定时间

根据图3.1可以获得以下两个结论：

（1）随着网络连接概率 pr 的增加，稳定时间 $T$ 的平均值先增加后减少。该观察可以解释为：当网络连接概率 pr 是一个非常小的数值时，即 pr<<pr$_c$ ≈ ln($N$)/$N$，因为只有非常少的个体之间存在意见的交流，故所有个体的意见很容易形成稳定状态。随着网络连接概率 pr 的增加，更多的交流增加了意见的稳定时间。然而，随着社会网络连接的增加，网络从非连通网络变为连通网络，当网络连接概率 pr>>pr$_c$ ≈ ln($N$)/$N$ 时，个体之间每次都能够进行充分的交流，故稳定时间减少。特别地，当 pr 在网络连通阈值 pr$_c$ 附近时，社会网络的拓扑结构会发生显著的变化，从很多类变为一个主体的大类，稳定时间最长。

（2）随着网络规模 $N$ 的增加，当网络连接概率 pr 非常小时，稳定时间 $T$ 的平均值逐渐增加；当网络连接概率 pr 增加达到某一程度时，随着网络规模 $N$ 的增加，稳定时间 $T$ 的平均值先增加后减少。最后，当网络连接概率 pr 是一个非常大的数值时，发现网络规模 $N$ 对稳定时间 $T$ 的平均值没有显著影响。这些观察可用上述观察（1）中类似的解释来说明。

### 3.2.2　聚类数量

图3.2展现的是在经过500次独立重复实验后，在不同个体规模 $N$、网络连接概率 pr、不确定容忍个体比例 $R$ 和初始时刻表达不确定意见的个体比例 $S$ 下，聚类数量 NC 的平均值。

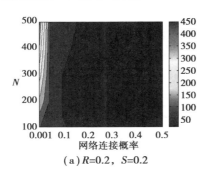
（a）$R$=0.2，$S$=0.2

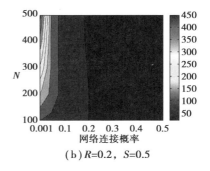
（b）$R$=0.2，$S$=0.5

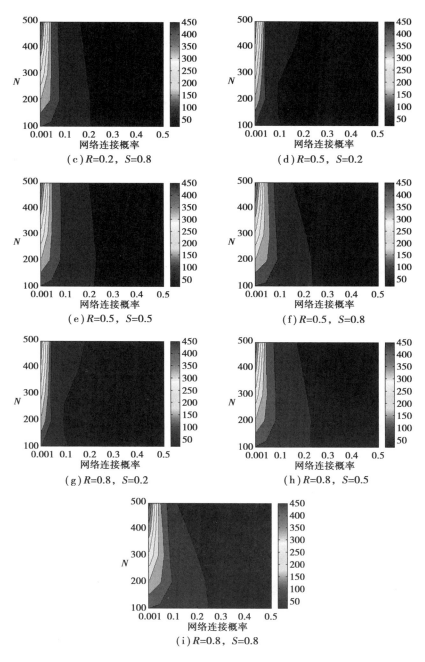

图 3.2  不同 $N$、pr、$R$ 和 $S$ 这 4 个影响因素下平均聚类数量

根据图 3.2 可以获得以下两个结论:

(1)随着网络连接概率 pr 的增加,聚类数量 NC 的平均值逐渐减少。该结论表明:大的网络连接概率趋向于形成较少的意见聚类。其可解释为:网络连接概率的增加使得个体之间出现更多的交流,从而使得意见的聚类数量减少。

(2)当网络连接概率 pr 非常小时,随着网络上个体规模 N 的增加,聚类数量 NC 的平均值逐渐减少。该观察可以解释为:在较小的网络连接概率的情形下,增加个体的规模使得更多的个体只有较少的连接,从而进一步使得出现更多的意见聚类。此外,当网络连接概率比较大时,没有发现个体规模对聚类数量有明显影响。

### 3.2.3 极小类比例

图 3.3 展现的是在经过 500 次独立重复实验后,在不同个体规模 $N$、网络连接概率 pr、不确定容忍个体比例 $R$ 和初始时刻表达不确定意见的个体比例 $S$ 下的极小类比例 RENC 的平均值。

根据图 3.3 可以获得以下结论:在不同的不确定容忍比例 $R$ 和初始时刻不同的表达不确定意见的个体比例 $S$ 下,随着网络连接概率 pr 的增加,极小类比例 RENC 的平均值逐渐减少。

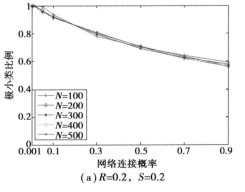

(a)$R=0.2$,$S=0.2$

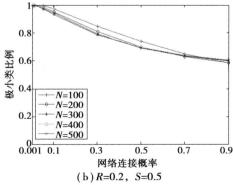

(b)$R=0.2$,$S=0.5$

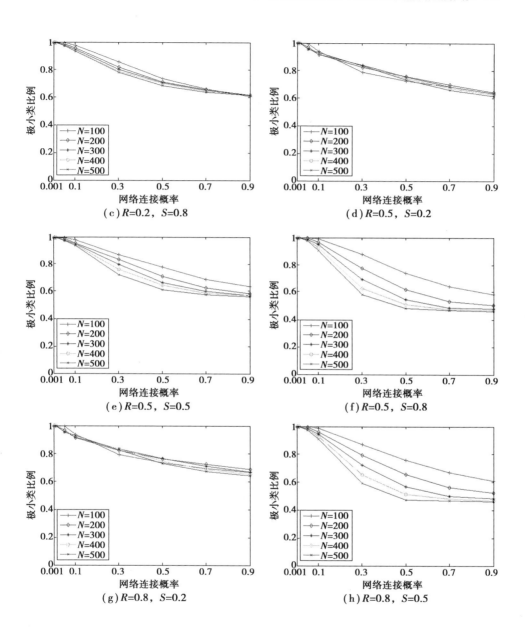

（c）$R=0.2$，$S=0.8$

（d）$R=0.5$，$S=0.2$

（e）$R=0.5$，$S=0.5$

（f）$R=0.5$，$S=0.8$

（g）$R=0.8$，$S=0.2$

（h）$R=0.8$，$S=0.5$

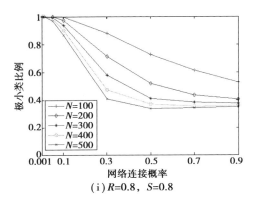

（i）$R=0.8$，$S=0.8$

图 3.3　不同 $N$、pr、$R$ 和 $S$ 这 4 个影响因素下平均极小类比例

该观察表明：社会网络连接概率的增加会使得意见聚类数量中极小类的比例变小。其可以解释为：随着网络连接概率的增加，更多的个体与其他个体进行交流，从而使得在稳定时刻出现极小类的机会变小。

### 3.2.4　不确定意见比例

图 3.4 展现的是在经过 500 次独立重复实验后，在不同个体规模 $N$、网络连接概率 pr、不确定容忍个体比例 $R$ 和初始时刻表达不确定意见的个体比例 $S$ 下的区间意见比例 $S^*$ 的平均值。

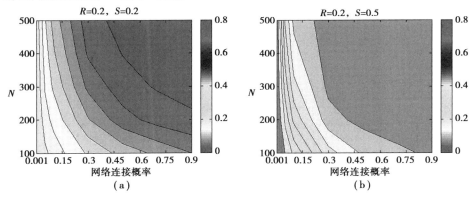

（a）　　　　　　　　　　　　　　　　（b）

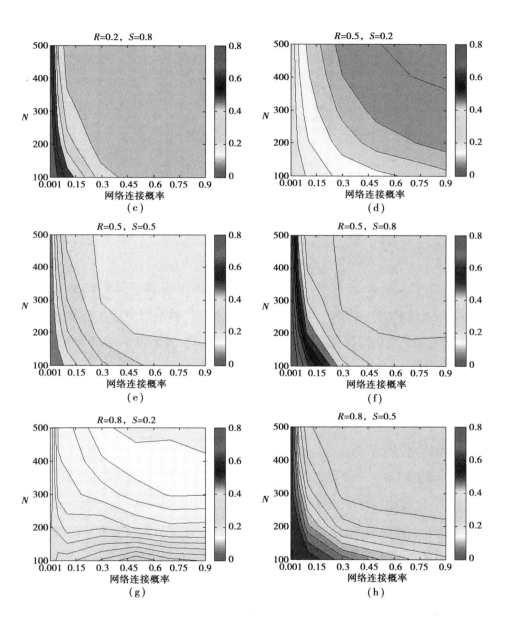

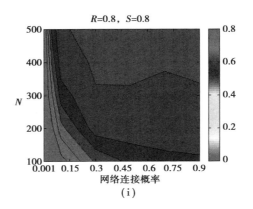

图 3.4　不同 $N$、pr、$R$ 和 $S$ 这 4 个影响因素下平均区间意见比例

根据图 3.4 可以获得如下结论：

（1）在图 3.4（a）—（f）、（h）和（i）中，随着网络连接概率 pr 的增加，不确定意见比例逐渐减少。在图 3.4（g）中，当 $N>200$ 时，随着网络连接概率 pr 的增加，不确定意见比例同样地逐渐减少。该观察表明：大的网络连接概率使得表达不确定意见的个体比例减少。其可解释为：随着网络连接概率的增加，个体与精确偏好的个体交流的机会增强。根据精确偏好个体的意见交流机制可知，与精确个体进行交流，精确个体将使得更多的个体在稳定时刻表达精确意见，从而导致稳定时刻表达不确定意见的个体比例减少。

（2）随着网络上个体规模 $N$ 的增加，不确定意见比例也同样逐渐减少。该观察表明：更大的网络个体规模将导致表达不确定意见个体的比例变小。该观察可解释为：在相同网络连接概率下，增加网络规模使得个体的平均度增加，从而使得个体与精确偏好个体的交流增多，同样使得更少比例的个体在稳定时刻表达不确定意见。

## 3.2.5　不确定意见平均宽度

图 3.5 展现的是在经过 500 次独立重复实验后，在不同个体规模 $N$、网络连接概率 pr、不确定容忍个体比例 $R$ 和初始时刻表达不确定意见的个体比例 $S$

下,区间意见平均宽度 $W_U$ 的平均值。

根据图 3.5 可以获得如下结论:随着网络个体规模 $N$ 增加,不确定意见平均宽度的平均值逐渐增加。该结论表明:较大的网络个体规模使得不确定意见平均宽度值越大。

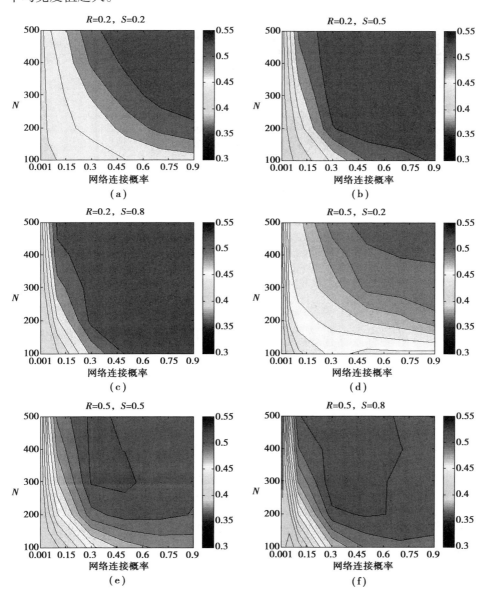

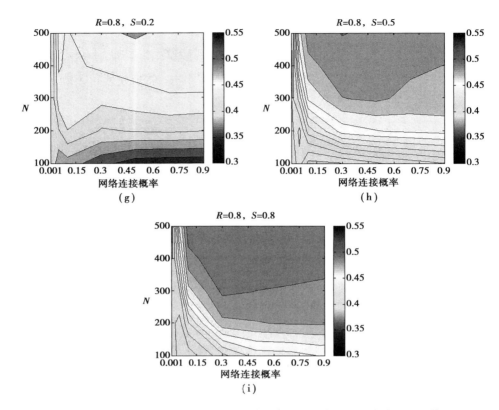

图 3.5　不同 $N$、pr、$R$ 和 $S$ 这 4 个影响因素下区间意见平均宽度的平均值

图 3.5 的观察可解释为:随着个体规模的增加,初始时刻表达不确定意见的个体数目增加。一般而言,初始时刻更多的个体表达不确定意见,那么稳定时刻会有更多的个体表达不确定意见。增加个体规模会使得表达不确定意见的个体数目和不确定意见的宽度总和都会增加。但是,在仿真实验中发现,不确定意见宽度总和的增加速度大于个体表达不确定意见的增加速度,从而使得随着个体规模的增加,在稳定时刻出现的不确定意见平均宽度越大。

在仿真实验中,本小节利用不同的网络个体规模和不同网络连接概率这两方面调查了随机网络结构对不确定 HK 舆情演化的影响。实验结果可以总结如下:①越大的网络个体规模趋向于在稳定时刻越小的不确定意见比例和越大的不确定意见平均宽度;②随着网络连接概率的增加,平均稳定时间先增加后减少;③越大的网络连接概率趋向于在稳定时刻越少的聚类数量和越小的极小类比例。

# 3.3　三种不同社会网络对不确定 HK 舆情演化的影响

下面本小节首先将利用理论分析来推导社会网络不确定 HK 舆情演化的一些定理,并利用数值分析对定理作进一步展示;同时利用仿真实验分析调查相同网络规模和平均度下 ER 随机网络、WS 小世界网络和 BA 无标度网络这三种不同社会网络结构对不确定 HK 舆情演化的影响。

## 3.3.1　理论分析与数值算例

### 3.3.1.1　理论分析

在理论分析部分,将调查社会网络对不确定 HK 舆情演化中 $t$ 时刻个体表达不确定意见比例和不确定意见平均宽度这两个指标的影响。

1) $t$ 时刻个体表达不确定意见比例 $R_U(t)$

$t$ 时刻表达不确定意见的个体的集合可以表示为 $U(t) = \{p \mid x_p^U(t) > x_p^L(t)$ , $p = 1, 2, \cdots, N\}$ ,其中 $t = 0, 1, 2, \cdots$ 。让 #$U(t)$ 表示网络上 $t$ 时刻表达不确定意见的个体数目。那么 $t$ 时刻个体表达不确定意见比例 $R_U(t)$ 可以表示为:

$$R_U(t) = \frac{\#U(t)}{N}。 \qquad (3.10)$$

2) $t$ 时刻不确定意见平均宽度 $W_U(t)$

让 $U(t)$ 和 #$U(t)$ 依然分别表示 $t$ 时刻表达不确定意见的个体的集合和 $t$ 时刻表达不确定意见的个体数目,其中 $t = 0, 1, 2, \cdots$ 。那么 $t$ 时刻不确定意见平均宽度 $W_U(t)$ 可以表示为:

$$W_{\mathrm{U}}(t) = \frac{1}{\#U(t)} \sum_{p \in U(t)} (x_p^U(t) - x_p^L(t)) = \frac{1}{\#U(t)} \sum_{p \in U(t)} \Delta_p(t) \quad (3.11)$$

**定理 5**　当 $V^U = V$ 时,$R_{\mathrm{U}}(t+1) \geqslant R_{\mathrm{U}}(t)(t=0,1,2,\cdots)$。

证明:假设所有的个体都是不确定容忍个体,即:对于任意的个体 $p \in \{1, 2,\cdots,N\}$,$p \in V^U$。让 $q \in V^U(n \neq m)$。

情形 1:$I(p,X(t)) = \{q \mid q \neq p, a_{pq} = 1, d_{pq}(t) \leqslant \varepsilon\} \neq \varnothing$。

对于任意的个体 $p \in \{1,2,\cdots,N\}$ 且 $p \in V^U$,如果 $I(p,X(t)) = \{q \mid q \neq p, a_{pq} = 1, d_{pq}(t) \leqslant \varepsilon\} \neq \varnothing$ $(t=0,1,2,\cdots)$,那么利用公式(3.3)-(3.12)可得个体 $p$ 在 $t+1$ 时刻的意见宽度:

$$x_p^U(t+1) - x_p^L(t+1)$$
$$= \beta_p(x_p^U(t) - x_p^L(t)) + \sum_{q \in I(p,X(t))} w_{pq}(t)(x_q^U(t) - x_q^L(t)), p \in V^U,$$

$$(3.12)$$

即: $\delta_p(t+1) = \beta_p \delta_p(t) + \sum_{q \in I(p,X(t))} w_{pq}(t) \delta_q(t)$,其中 $\beta_p \in (0,1)$,$w_{pq}(t) \in [0,1)$,$\beta_p(t) + \sum_{q \in I(p,X(t))} w_{pq}(t) = 1$ 且 $\delta_p(t),\delta_q(t) \in [0,1]$。

(1)如果 $\delta_p(0) = 0$ 且 $\delta_q(0) = 0$,那么 $\delta_p(t) = 0$,$p \in \{1,2,\cdots,N\}$,$t=0,1,2,\cdots$。由此可知,$R_{\mathrm{U}}(t+1) = R_{\mathrm{U}}(t) = 0$。

(2)如果 $\delta_p(0) > 0$ 或 $\delta_q(0) > 0$,那么 $\delta_p(t+1) > 0$,$\delta_q(t+1) > 0$,$t=0,1,2,\cdots$。由此可知,$R_{\mathrm{U}}(t+1) \geqslant R_{\mathrm{U}}(t) > 0$。

情形 2:$I(p,X(t)) = \{q \mid q \neq p, a_{pq} = 1, d_{pq}(t) \leqslant \varepsilon\} = \varnothing$。

当 $I(p,X(t)) = \{q \mid q \neq p, a_{pq} = 1, d_{pq}(t) \leqslant \varepsilon\} = \varnothing$ 时,根据 $x_p(t+1) = x_p(t)$ 可得 $R_{\mathrm{U}}(t+1) = R_{\mathrm{U}}(t)$。

由情形 1 和 2 可得:当 $V^U = V$ 时,$R_{\mathrm{U}}(t+1) \geqslant R_{\mathrm{U}}(t)(t=0,1,2,\cdots)$。

证毕。

定理 5 表明:当所有的个体都是不确定容忍个体时,随着时间的增加,表达不确定意见的个体的比例不会减少,甚至会增加。这意味着在不确定舆情的演化过程中,不确定容忍个体能够使得表达不确定意见的个体的比例增加。

**定理 6**　当 $V^W = V$ 时,$R_U(t+1) \leqslant R_U(t)$ $(t=0,1,2,\cdots)$。

证明:假设所有的个体都是精确偏好个体,即:对于任意的个体 $p \in \{1, 2,\cdots,N\}$,$p \in V^W$,$q \in V^W$ $(n \neq m)$。

情形 1:$I(p,X(t)) = \{q \mid q \neq p, a_{pq}=1, d_{pq}(t) \leqslant \varepsilon\} \neq \varnothing$。

对于任意的个体 $p \in \{1,2,\cdots,N\}$ 且 $p \in V^W$,如果 $I(p,X(t)) = \{q \mid q \neq p, a_{pq} = 1, d_{pq}(t) \leqslant \varepsilon\} \neq \varnothing$,其中 $t=0,1,2,\cdots$,那么利用公式(3.5)–(3.4)可得个体 $p$ 在 $t+1$ 时刻的意见宽度:

$$
\begin{aligned}
& x_p^U(t+1) - x_p^L(t+1) \\
&= \beta_p x_p^U(t) + \sum_{q \in I(p,X(t))} w_{pq}(t)\xi_{pq}(t) - \beta_p x_p^L(t) - \sum_{q \in I(p,X(t))} w_{pq}(t)\xi_{pq}(t) \quad (3.13) \\
&= \beta_p(x_p^U(t) - x_p^L(t)), p \in V^W
\end{aligned}
$$

即:$\delta_p(t+1) = \beta_p \delta_p(t)$,其中 $\beta_p \in (0,1)$ 且 $\delta_p(t) \in [0,1]$。

(1)如果 $\delta_p(0)=0$,那么 $\delta_p(t)=0$,$p \in \{1,2,\cdots,N\}$,$t=0,1,2,\cdots$。由此可知,$R_U(t+1) = R_U(t) = 0$。

(2)如果 $\delta_p(0)>0$,由于 $\beta_p \in (0,1)$,那么 $\delta_p(t+1) < \delta_p(t)$,$t=0,1,2,\cdots$。由于 $\delta_p(t) \geqslant 0$ $(t=0,1,2,\cdots)$,序列 $\{\delta_p(t)\}$ $(t=0,1,2,\cdots)$ 单调递减有下界,那么存在一个时间 $T$,当 $t \geqslant T$ 时,$(\beta_p)^t = 0$ 且 $\delta_p(t) = 0$。由此可知,$R_U(t+1) \leqslant R_U(t)$。

情形 2:$I(p,X(t)) = \{q \mid q \neq p, a_{pq}=1, d_{pq}(t) \leqslant \varepsilon\} = \varnothing$。

当 $I(p,X(t)) = \{q \mid q \neq p, a_{pq}=1, d_{pq}(t) \leqslant \varepsilon\} = \varnothing$ 时,根据 $x_p(t+1) = x_p(t)$ 可得 $R_U(t+1) = R_U(t)$。

由情形 1 和 2 可得:当 $V^W = V$ 时,$R_U(t+1) \leqslant R_U(t)$ $(t=0,1,2,\cdots)$。

定理 6 表明:当所有的个体都是精确偏好个体时,随着时间的增加,表达不确定意见的个体的比例不可能增加,甚至会减少。这意味着在不确定舆情的演化过程中,精确偏好个体能够使得表达不确定意见的个体的比例减少。

**定理7** $W_U(t) \leqslant H, t = 0, 1, 2, \cdots$。

证明：让 $x_V^U(t) - x_V^L(t) = \max\{(x_1^U(t) - x_1^L(t)), (x_2^U(t) - x_2^L(t)), \cdots, (x_N^U(t) - x_N^L(t))\}$ 表示在 $t$ 时刻所有个体意见的最大意见宽度。基于 $\delta_p(t) = x_p^U(t) - x_p^L(t)$，可得 $\delta_V(t) = x_V^U(t) - x_V^L(t)$。明显地，$\delta_p(t) \leqslant \delta_V(t), p \in \{1, 2, \cdots, N\}$。如果 $\#U(t) = 0, t = 0, 1, 2, \cdots$，那么显然 $W_U(t) \leqslant H$。如果 $\#U(t) \neq 0, t = 0, 1, 2, \cdots$，那么可以分为以下两种情形进行讨论：

情形 1：$I(p, X(t)) = \{q \mid q \neq p, a_{pq} = 1, d_{pq}(t) \leqslant \varepsilon\} \neq \varnothing$。

（1）对于任意的个体 $p \in V^U, p \in \{1, 2, \cdots, N\}$，利用式（3.3）-式（3.12）可得：

$$x_p^U(t+1) - x_p^L(t+1) = \beta_p(x_p^U(t) - x_p^L(t)) + \sum_{q \in I(p, X(t))} w_{pq}(t)(x_q^U(t) - x_q^L(t)) \leqslant$$

$$\beta_p(x_V^U(t) - x_V^L(t)) + \sum_{q \in I(p, X(t))} w_{pq}(t)(x_V^U(t) - x_V^L(t)) = x_V^U(t) - x_V^L(t) = \delta_V(t),$$

$$(3.14)$$

那么

$$x_p^U(t+1) - x_p^L(t+1) = \delta_p(t+1) \leqslant \delta_V(t), p \in \{1, 2, \cdots, N\}, t = 0, 1, 2, \cdots$$

$$(3.15)$$

（2）对于任意的个体 $p \in V^W, p \in \{1, 2, \cdots, N\}$，利用式（3.5）-式（3.14）可得：

$$\delta_p(t+1) \leqslant \delta_p(t), t = 0, 1, 2, \cdots \qquad (3.16)$$

因为 $\delta_p(t) \leqslant \delta_V(t)$，基于方程（3.15）和方程（3.16），对于任意的个体 $p \in \{1, 2, \cdots, N\}$，可得：$\delta_p(t+1) \leqslant \delta_V(t)$。

因此，$x_p^U(t) - x_p^L(t) = \delta_p(t) \leqslant \delta_V(t) \leqslant \delta_V(t-1) \leqslant \cdots \leqslant \delta_V(0) = H, p \in \{1, 2, \cdots, N\}, t = 0, 1, 2, \cdots$。

根据方程（3.11），可得：

$$W_U(t) = \frac{1}{\#U(t)} \sum_{p \in U(t)} (x_p^U(t) - x_p^L(t)) = \frac{1}{\#U(t)} \sum_{p \in U(t)} \Delta_p(t) \leqslant \frac{\#U(t) \times H}{\#U(t)} = H。$$

情形 2：$I(p, X(t)) = \{q \mid q \neq p, a_{pq} = 1, d_{pq}(t) \leqslant \varepsilon\} = \varnothing$。

当 $I(p, X(t)) = \{q \mid q \neq p, a_{pq} = 1, d_{pq}(t) \leqslant \varepsilon\} = \varnothing$ 且 $x_p(t+1) = x_p(t)$，那么 $\delta_p$

$(t+1)=\delta_p(t), p\in\{1,2,\cdots,N\}, t=0,1,2,\cdots$。因为 $\delta_p(0)\leqslant\delta_V(0), p\in\{1,2,\cdots,N\}$，且 $\delta_V(0)=H$。根据方程(3.11)，同样可得 $W_U(t)\leqslant H$。

因此，$W_U(t)\leqslant H, t=0,1,2,\cdots$

证毕。

定理 7 表明：不确定意见平均宽度总是小于初始时刻所有个体意见的最大意见宽度。这意味着在定理 5 中尽管有一些个体的意见宽度可能会增加，但是意见宽度的增加有阈值，其受到初始时刻所有个体意见的最大意见宽度的限制。

### 3.3.1.2 数值算例

下面通过数值算例来详细介绍 SNUHK 模型中的上述 3 个定理。

在算例中，假设有家公司需要评估他们的招聘政策。现有 5 名专家进行评审，他们需要针对招聘政策表达各自的意见。同样地，让 △ 表示不确定容忍和精确初始意见的个体；□ 表示不确定容忍和不确定初始意见的个体；☆ 表示精确偏好和精确初始意见的个体；○ 表示精确偏好和不确定初始意见的个体。

让 $V=\{1,2,3,4,5\}$，表示 5 个评审专家的集合，他们的网络关系如图 3.6 所示。在图 3.6(a)中，5 个评审专家都是不确定容忍个体；在图 3.6(b)中，5 个评审专家都是精确偏好个体；在图 3.6(c)中，5 个评审专家中既有精确偏好个体也有不确定容忍个体。

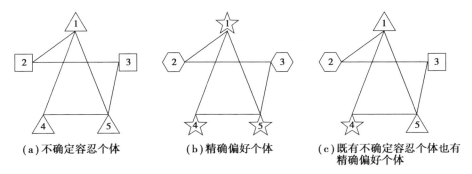

(a)不确定容忍个体　　　(b)精确偏好个体　　　(c)既有不确定容忍个体也有精确偏好个体

图3.6　5 个个体之间的社会网络

让图 3.6 中 5 个专家的初始意见向量表示为: $X(0) = ([0.2, 0.2], [0.25,$ $0.32], [0.5, 0.6], [0.7, 0.7], [0.45, 0.45])^{\mathrm{T}}$,显然初始意见的最大意见宽度 $H = 0.1$。在我们的实验仿真中,当 $\|X(t+1) - X(t)\|_1 \leqslant 10^{-4}$ 时,考虑所有的专家 意见都达到稳定,其中 $\|X\|_1 = \sum_{m=1}^{P} |x_m|$。让边界信任 $\varepsilon = 0.2$,自信任 $\beta_p = 0.5$, 5 个专家在社会网络图 3.6 上的不确定意见演化如图 3.7 所示。

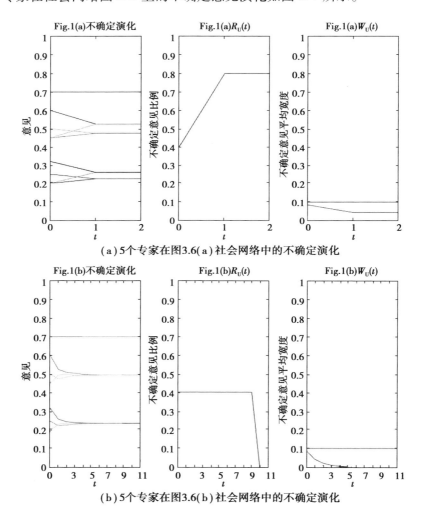

(a)5个专家在图3.6(a)社会网络中的不确定演化

(b)5个专家在图3.6(b)社会网络中的不确定演化

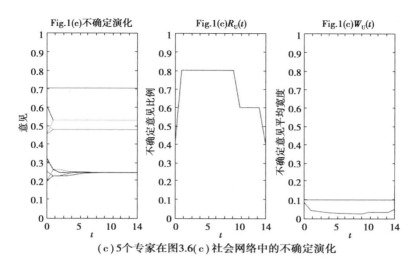

（c）5个专家在图3.6(c)社会网络中的不确定演化

图3.7　5个专家在社会网络上的意见演化

图3.7(a)展示的是图3.6(a)中5个专家在社会网络上的不确定演化,包括不确定意见的演化、不确定意见比例的变化和不确定意见平均宽度的变化。从图3.7(a)中可以观察到,当5个专家都是不确定容忍个体时,随着时间的增加,不确定意见的比例开始增加然后保持稳定。这表明当5个专家都是不确定容忍个体时,更多的专家在稳定状态时表达不确定意见。此结果满足定理5。

图3.7(b)展示的是图3.6(b)中5个专家在社会网络上的不确定演化,包括不确定意见的演化、不确定意见比例的变化和不确定意见平均宽度的变化。从图3.7(b)中可以观察到,当5个专家都是精确偏好个体时,随着时间的增加,不确定意见的比例开始减少直至为0。这表明当5个专家都是精确偏好个体时,在稳定状态下专家表达不确定意见的比例不会增加。此结果满足定理6。

图3.7(c)展示的是图3.6(c)中5个专家在社会网络上的不确定演化,包括不确定意见的演化、不确定意见比例的变化和不确定意见平均宽度的变化。因为在图3.6(c)中,精确偏好个体的集合是非空集合,不确定容忍的个体集合也非空,此演化结果不满足定理5和定理6。但是从图3.7可以获得如下结论:不确定意见平均宽度总是小于初始意见的最大宽度 $H=0.1$。这表示5个专家

的最终意见宽度都是小于其初始时刻的最大意见宽度。此结果满足定理 7。

## 3.3.2 不确定舆情演化仿真结果分析

本小节将通过仿真实验分析调查社会网络、不确定意见和边界信任在 SNUHK 模型中对不确定舆情演化的影响。

随着智能手机和 App 的快速发展，人们更容易获取信息并在社会网络上分享他们的意见，例如微信、微博、脸书和推特等。在仿真实验中，利用 ER 随机网络、WS 小世界网络和 BA 无标度网络去模拟现实中的社会网络。ER 随机网络如前所述，在 $N$ 个个体组成的社会网络中，$pr \in [0,1]$ 表示 ER 随机网络的网络连接概率。在 WS 小世界网络中，一般通过两步来构建网络结构：第 1 步，假设 $N$ 个个体组成一个环状，在环中每个个体都与其相邻的 $k$ 个个体相连，左右两边各 $k/2$ 个；第 2 步，在概率 $pr$ 下随机重连每一条边，并且排除重复连接的边和自环。在 BA 无标度网络中，首先存在一个系统，系统中有较少的 $m_0$ 个个体，这 $m_0$ 个个体之间都是完全连接，其次，系统中每一个时间步骤增加一个带有 $m_1$ 条边的新个体，这 $m_1$ 条边与系统中已有的个体进行连接，那么一个新个体与系统中已存个体的连接概率与个体的度成正比。

在仿真实验中，关于 3 种网络（ER 随机网络、WS 小世界网络和 BA 无标度网络）的参数设置见表 3.1。选择连通的网络作为仿真实验网络，网络上的个体规模 $N=200$，个体的平均度为 6，其能够保证 3 种网络拥有相同的平均度和个体规模。

表 3.1　3 种网络的参数设置

| 3 种网络 | Parameters |
|---|---|
| ER 随机网络 | $N=200, pr=0.03$ |
| WS 小世界网络 | $N=200, k=6, pr=0.01$ |
| BA 无标度网络 | $N=200, m_0=6, m_1=3$ |

在仿真实验中主要调查 3.3.1 中提出的两个舆情演化指标:稳定状态个体表达不确定意见比例和不确定意见平均宽度。

让 $Y \in [0,1]$ 表示不确定容忍个体的比例,$R_U(0)$ 表示初始时刻个体表达不确定意见比例,$H$ 表示所有个体初始意见的最大意见宽度。首先,在不确定容忍个体比例 $Y \in [0,1]$ 下随机均匀的选择不确定容忍的个体和精确偏好的个体。对于任意的精确偏好个体 $p \in V^W$,如果 $q \in I(p, X(t)) = \{q \mid q \neq p, a_{pq} = 1, d_{pq}(t) \leq \varepsilon\} \neq \varnothing$,那么个体 $p \in V^W$ 在 $t+1$ 时刻将从个体 $q$ 表达的意见 $[x_q^L(t), x_q^U(t)]$ 中随机均匀的选择一个精确意见来进行交流。其次,在不确定意见比例 $R_U(0)$ 下随机均匀的选择个体表达不确定意见,其他个体则表达精确意见。初始意见的产生方式如下:随机均匀生成 $N$ 个精确数值 $f_p(0) \in [0,1]$($p=1,2,\cdots,N$),如果个体 $p$ 在 $t=0$ 时刻表达精确意见,那么 $x_p(0) = f_p(0)$;否则在区间 $[0, H]$($H \in (0,1]$)中再随机均匀产生一个精确数 $\delta_p$,那么个体 $p$ 在 $t=0$ 时刻表达不确定意见可以描述为:$x_p(0) = [x_p^L(0), x_p^U(0)]$,其中 $x_p^L(0) = \max\{0, f_p(0) - \frac{\delta_p}{2}\}$ 且 $x_p^U(0) = \min\{1, f_p(0) + \frac{\delta_p}{2}\}$。最后,在仿真实验中,让个体的自信任 $\beta_p = 0.5$。当 $\|X(t+1) - X(t)\|_1 \leq 10^{-4}$ 时,认为所有的个体的意见均能形成稳定状态,其中 $\|X\|_1 = \sum_{p=1}^{N} |x_p|$。让 $t^*$ 表示所有个体意见形成稳定状态的最短时间。对于任意的个体 $p(p=1,2,\cdots,N)$,如果 $x_p^U(t^*) - x_p^L(t^*) > 10^{-4}$,那么个体 $p$ 在 $t^*$ 时刻表达不确定意见。

### 3.3.2.1 稳定状态下个体表达不确定意见的比例

本小节主要通过下述两个方面来调查稳定状态下个体表达不确定意见的比例:(1)当精确偏好个体的集合为空集时,初始时刻个体表达不确定意见的不同比例和不同的边界信任值;(2)不同的不确定容忍个体比例和初始时刻个体表达不确定意见的不同比例。

情形 1:$Y=1$ 和 $H=1$。

　　图 3.8 展现的是根据不同的边界信任 $\varepsilon$ 和初始时刻个体表达不确定意见的不同比例 $R_{\mathrm{U}}(0)$ 在 500 次独立仿真实验下分别获得的 ER 随机网络、WS 小世界网络和 BA 无标度网络这 3 种网络下稳定时刻的平均不确定意见比例 $R_{\mathrm{U}}(t^*)$。

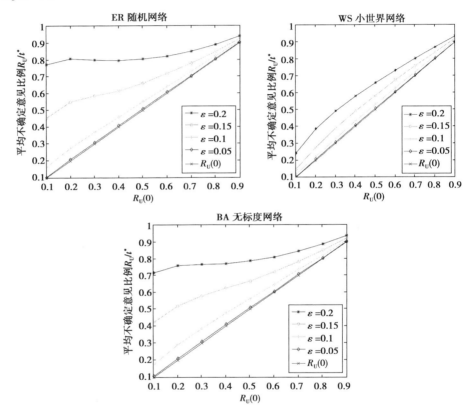

图 3.8　3 种不同网络下不同 $\varepsilon$ 和 $R_{\mathrm{U}}(0)$ 值下的平均 $R_{\mathrm{U}}(t^*)$ 值

　　由图 3.8 可知,在 3 种网络上随着 $\varepsilon$ 和 $R_{\mathrm{U}}(0)$ 的增加,平均 $R_{\mathrm{U}}(t^*)$ 值增加。此外 $R_{\mathrm{U}}(t^*) > R_{\mathrm{U}}(0)$。该观察表明在 ER 随机网络、WS 小世界网络和 BA 无标度网络这 3 种网络上,随着边界信任和初始时刻个体表达不确定意见的比例的增加,稳定时刻个体表达不确定意见的比例也随之增加。同时,稳定时刻个体表达不确定意见的比例要大于初始时刻个体表达不确定意见的比例。这两个观察可以解释为:当精确偏好的个体集合为空集时,在初始时刻表达精确意见的个体由于与表达不确定意见的个体进行交流,从而使得表达精确意见的个体会转变为表达不确定意见(见定理5)。更大的边界信任意味着更多的交流,这将导致更多的个体在稳定时刻表达不确定意见。同时,更大比例的个体在初始时刻表达不确定意见使得更多的个体在稳定时刻同样也表达不确定意见。因此,当所有的个体都是不确定容忍个体时,在这 3 种网络上会有更多的个体在稳定时刻表达不确定意见。

此外,随着 $\varepsilon$ 和 $R_{\mathrm{U}}(0)$ 的增加,在 ER 随机网络上 $R_{\mathrm{U}}(t^*)$ 的增长趋势与 BA 无标度网络上 $R_{\mathrm{U}}(t^*)$ 的增长趋势类似,且 ER 随机网络和 BA 无标度网络上平均 $R_{\mathrm{U}}(t^*)$ 的增长趋势大于 WS 小世界网络上 $R_{\mathrm{U}}(t^*)$ 的增长趋势,尤其当 $\varepsilon$ 是一个较大值而 $R_{\mathrm{U}}(0)$ 是一个较小值时,这种增长趋势的差异更加明显。这是因为:尽管在这 3 个网络中,它们有着相同的个体规模和平均度,但是 ER 随机网络和 BA 无标度网络比 WS 小世界网络有着更小的平均最短路径。一般而言,所有的个体更容易在一个较小的平均最短路径下充分交流。因此,在 ER 随机网络和 BA 无标度网络上个体表达不确定意见的比例的增加要大于在 WS 小世界网络上个体表达不确定意见比例的增加。

情形2:$\varepsilon=0.1$ 和 $H=0.5$。

图 3.9 展现的是根据不同不确定容忍个体比例 $Y$ 和初始时刻个体表达不确定意见的不同比例 $R_{\mathrm{U}}(0)$ 在 500 次独立仿真实验下分别获得的 ER 随机网络、WS 小世界网络和 BA 无标度网络这3种网络下稳定时刻的平均不确定意见比例 $R_{\mathrm{U}}(t^*)$。

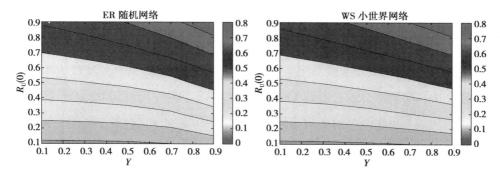

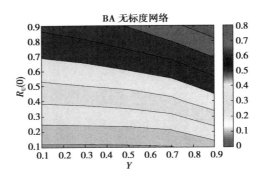

图 3.9　3 种不同网络下不同 $Y$ 和 $R_U(0)$ 值下的平均 $R_U(t^*)$ 值

由图 3.9 可知,在 3 种网络中随着 $Y$ 的增加,稳定时刻平均值 $R_U(t^*)$ 增加,且它们有着相似的增长趋势。这表明,随着不确定容忍个体比例的增加,在 3 种网络中稳定时刻个体表达不确定意见的比例也会增加。该观察可以被解释为:增加不确定容忍个体的比例,意味着减少精确偏好个体的比例。精确偏好个体能够使得不确定意见变为精确意见(见定理 6)。因此,小的精确个体比例将使得其对个体表达不确定意见的影响变小。由于在仿真实验中这 3 种网络有着相同的个体规模和平均连接度,故更多的不确定容忍个体导致更多的个体在稳定时刻表达不确定意见,且它们的增长趋势相同。

### 3.3.2.2　稳定状态下不确定意见的平均宽度

本小节主要通过如下两个方面来调查稳定状态下不确定意见的平均宽度:(1)当精确偏好个体的集合为空集时,所有个体初始意见的不同最大意见宽度和不同边界信任;(2)不同的不确定容忍个体比例和所有个体初始意见的不同最大意见宽度。

情形(1):$Y=1$ 和 $R_U(0)=0.2$。

图 3.10 展现的是根据不同的边界信任 $\varepsilon$ 和不同的最大意见宽度 $H$ 在 500 次独立仿真实验下分别获得的 ER 随机网络、WS 小世界网络和 BA 无标度网络这 3 种网络下稳定时刻的平均的不确定意见平均宽度 $W_U(t^*)$。

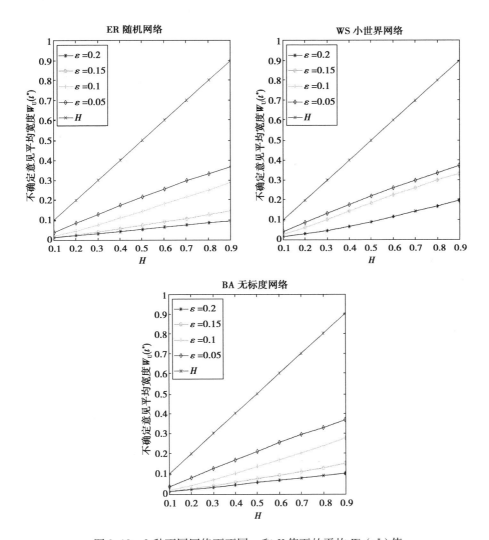

图 3.10 3 种不同网络下不同 $\varepsilon$ 和 $H$ 值下的平均 $W_{\mathrm{U}}(t^*)$ 值

由图 3.10 可获得如下 3 个观察:(1)随着 $H$ 的增加,3 种网络中的平均 $W_{\mathrm{U}}(t^*)$ 值逐渐增加;(2)随着 $\varepsilon$ 的增加,3 种网络中的平均 $W_{\mathrm{U}}(t^*)$ 值逐渐减小;(3)平均值 $W_{\mathrm{U}}(t^*)<H$。

图 3.10 的观察结果表明:随着初始时刻最大不确定意见宽度的增加,不确定意见的平均宽度在稳定时刻将增加。但是,随着边界信任的增加,稳定时刻不确定意见的平均宽度将减小。同时,稳定时刻不确定意见的平均宽度小于初

始意见的最大意见宽度。

该观察可以解释为:明显地,在初始时刻较大的不确定意见宽度将导致在稳定时刻越大的不确定意见宽度的出现。越大的边界信任值意味着个体之间的交流越多,这将导致更多的个体在稳定时刻表达不确定意见。但是,不确定意见宽度的总和的增加速度,小于表达不确定意见的个体的增加速度,从而最终使得随着边界信任的增加,不确定意见平均宽度在稳定时刻减小。此外,仿真实验结果表明,初始时刻不确定意见的最大宽度总是大于稳定时刻不确定意见平均宽度的平均值,这已被定理 7 所证明。

此外,当边界信任值很小时,随着初始时刻最大意见宽度的增加,在 WS 小世界网络中,不确定意见平均宽度的增加趋势将快于 ER 随机网络和 BA 无标度网络。这可以被解释为:个体之间在 ER 随机网络和 BA 无标度网络中有着比 WS 小世界网络中更多的交流,这将使得个体在 ER 随机网络和 BA 无标度网络中,稳定时刻有更多的个体表达不确定意见。同样地,由于不确定意见的宽度的总和的增加速度,小于表达不确定意见的个体的增加速度,随着初始时刻最大意见宽度的增加,不确定意见的平均宽度的增加趋势在 WS 小世界网络上要快于 ER 随机网络和 BA 无标度网络。

情形(2):$\varepsilon=0.1$ 和 $R_U(0)=0.2$。

图 3.11 展现的是根据不同不确定容忍个体比例 $Y$ 和不同的最大意见宽度 $H$ 在 500 次独立仿真实验下分别获得的 ER 随机网络、WS 小世界网络和 BA 无标度网络这 3 种网络下稳定时刻的平均的不确定意见平均宽度 $W_U(t^*)$。

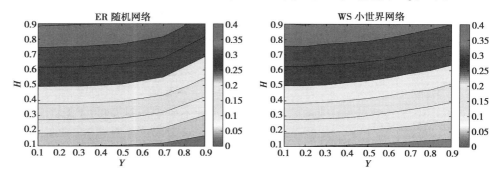

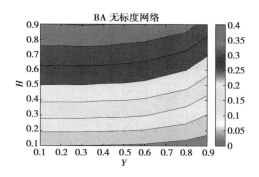

图 3.11　3 种不同网络下不同 $Y$ 和 $H$ 值下的平均 $W_U(t^*)$ 值

由图 3.11 可获得如下观察:随着 $Y$ 的增加,在 3 种网络中平均 $W_U(t^*)$ 值均减小。这表明随着不确定容忍个体比例的增加,稳定时刻不确定意见平均宽度将减少。该观察可以解释为:精确偏好的个体能够在稳定时刻表达精确意见。因此在社会网络中大比例的不确定容忍个体,将减少精确偏好个体的影响,这意味着更多的个体在稳定时刻表达不确定意见。因为不确定意见宽度总和的增长速度,小于表达不确定意见的个体的增长速度。随着不确定容忍个体比例的增加,不确定意见的平均宽度在稳定时刻减小。此外,由于在仿真实验中 3 种网络有着相同的个体规模和平均度,在稳定时刻这 3 种网络有着相似的减小趋势。

## 3.4　本章小结

不确定舆情往往在一个社会网络上进行演化,如微信、微博等,以往的研究表明社会网络结构对精确意见的舆情演化有着非常重要的影响,本章建立社会网络不确定 HK 舆情演化模型,重点研究社会网络结构对不确定 HK 舆情演化的影响,研究结果表明:

(1)随机网络结构对不确定 HK 舆情演化的影响实验结果总结如下:

①越大的网络群体规模趋向于在稳定时刻越小的不确定意见比例,以及越大的不确定意见平均宽度。

②随着网络连接概率的增加,平均稳定时间先增加后减少。

③越大的网络连接概率趋向于在稳定时刻越少的聚类数量,以及越小的极小类比例。

(2)理论论证表明:当所有的个体都是不确定容忍个体时,随着时间的增加,表达不确定意见的个体的比例不可能减少,甚至会增加。当所有的个体都是精确偏好个体时,随着时间的增加,表达不确定意见的个体的比例不可能增加,甚至会减少。不确定意见平均宽度总是小于初始时刻所有个体意见的最大意见宽度。

(3)ER 随机网络、WS 小世界网络和 BA 无标度网络这 3 种网络对不确定舆情演化有着非常显著的影响:

①当精确偏好的个体集合为空集时,在 ER 随机网络、WS 小世界网络和BA 无标度网络这 3 种网络上,随着边界信任和初始时刻个体表达不确定意见的比例的增加,稳定时刻个体表达不确定意见的比例也增加。同时,稳定时刻个体表达不确定意见的比例,要大于初始时刻个体表达不确定意见的比例。

②随着不确定容忍个体比例的增加,3 种网络中稳定时刻个体表达不确定意见的比例也会增加。由于在仿真实验中这 3 种网络有着相同的个体规模和平均连接度,它们的增长趋势相同。

③当精确偏好的个体集合为空集时,随着初始时刻最大不确定意见宽度的增加,不确定意见的平均宽度在稳定时刻将增加。但是,随着边界信任的增加,稳定时刻不确定意见的平均宽度将减小。同时,稳定时刻不确定意见的平均宽度,小于初始意见的最大意见宽度。此外,当边界信任值很小时,随着初始时刻最大意见宽度的增加,WS 小世界网络中不确定意见平均宽度的增加趋势,将快于 ER 随机网络和 BA 无标度网络。

④随着不确定容忍个体比例的增加,稳定时刻不确定意见的平均宽度将减小。由于在仿真实验中 3 种网络有着相同的个体规模和平均度,在稳定时刻这3 种网络有着相似的减小趋势。

# 4 基于意见领袖的偏好与行动交互演化规律研究

由于社会环境的复杂性、个体的多样性以及信息媒介的变化性,理解社会网络中偏好与行动的交互演化依然充满了困难和挑战。因此深入了解偏好和行动的交互机理,系统地研究基于意见领袖的偏好与行动交互演化规律具有非常重要的理论价值及现实意义。本章建立基于意见领袖的偏好和行动交互演化模型,重点研究意见领袖对社会网络偏好与行动的深刻影响。

首先,建立个体偏好和行动之间的关联函数;其次,基于个体总是试图分析其他个体的行动来估计他人偏好这一假设,本章进一步建立了偏好估计函数,最终构建了基于意见领袖的偏好和行动交互演化(OAIE)模型。基于 OAIE 模型构建的基础上,对个体偏好和行动的形成过程进行了理论分析,总结了在各类特定环境下偏好与行动的交互演化规律,并进行了理论论证。本章内容主要分为以下 4 个部分:(1)基于意见领袖的偏好与行动交互演化模型;(2)偏好与行动交互演化理论分析;(3)偏好与行动交互演化仿真实验分析;(4)本章小结。

## 4.1 基于意见领袖的偏好与行动交互演化模型

在现实生活中,人们面对某一问题或事件常常具有偏好和行动这两个属性,且通常只能够观察到其他个体的行动,不能够得知其他个体的偏好。个体的偏好往往驱动着自身行动,同时其他个体的行动对自身偏好的形成有着非常重要的影响,具体体现在个体在无法得知他人偏好时总是试图通过观察其他个体的行动来估计其他个体的偏好,并以此更新自身的偏好和行动。受 SNDG 模型和 SNOAE 模型的启发,本书通过考虑社会网络中的意见领袖关系和基于行动的偏好估计,提出了基于意见领袖的偏好与行动交互演化(OAIE)模型。

模型的构建过程主要分为:(1)个体自身偏好和行动关联函数构建;(2)个体间偏好和行动关联函数构建;(2)偏好与行动交互演化模型构建。

### 4.1.1　个体自身偏好和行动关联函数构建

假设社会网络是一个简单有向图 $G(V,E)$,其中个体的集合表示为 $V=\{v_1, v_2,\cdots,v_n\}$,有向边集合表示为 $E$,有向边集表示了 $V$ 中任意两个个体之间的信任关系,例如 $(v_i,v_j)\in E$ 表示个体 $v_i$ 信任着 $v_j$。社会网络 $G(V,E)$ 中的个体 $v_i(i=1,2,\cdots,n)$ 在 $t(t=0,1,2,\cdots)$ 时刻的偏好可设为 $x_i(t)(x_i(t)\in[0,1])$,行动可设为 $y_i(t)(y_i(t)\in[0,1])$。假设离散的行动选择是个体偏好不断积累的结果,那么具有两种行动选择的个体 $y_i$ 其自身偏好与行动选择在 $t$ 时刻的内在关系可表示为:

$$y_i(t)=\begin{cases}0,&x_i(t)\in[0,h)\\1,&x_i(t)\in[h,1]\end{cases}。\tag{4.1}$$

其中 $h(h\in(0,1))$ 表示偏好的阈值,由该阈值决定了偏好在不同范围内的行动选择。若个体 $x_i$ 在 $t$ 时刻的偏好小于 $h$,将表现出 $y_i(t)=0$ 的行动选择;反之,则会表现出 $y_i(t)=1$ 的行动选择。例如,当某个体 $v_i$ 在购买一件合适的衣服时,假设 $y_i(t)=1$ 表示"购买",$y_i(t)=0$ 表示"不购买",其偏好阈值 $h=0.6$。当他在 $t$ 时刻的购买偏好小于 0.6 时,个体 $x_i$ 会选择不购买;反之,则会选择购买。

当人们面对特定的事情或问题时,往往有多种选择,比如中立、持保留意见、沉默等,不同的个体可能有不同的偏好阈值。因此,在某些情况下个体的行动选择存在多个偏好阈值，个体可以在不同阈值下做出不同选择。但是，为了使目前的研究更容易开展，在 OAIE 模型中只考虑一个阈值。

## 4.1.2 个体间基于行动的偏好估计函数

假设个体无法直接获知其他个体的偏好，总是试图通过分析其他个体的行动来估计其他个体的偏好，并以此更新自身的偏好和行动。对任意个体 $v_i$，当其在 $t$ 时刻观察到信任个体 $v_j(j=1,2,\cdots,n,j\neq i)$ 的行动选择 $y_j(t)$，那么 $v_i$ 将基于该行动对个体 $v_j$ 的偏好进行估计，并在下一阶段以此更新自身的偏好，其中

$$f_{ij}(t)=\varphi(\xi_{ij}^L(t),\xi_{ij}^U(t)) \quad 。 \tag{4.2}$$

$f_{ij}(t)$ 是个体 $v_i$ 对于个体 $v_j$ 在 $t$ 时刻的估计偏好，$\varphi(\xi_{ij}^L(t),\xi_{ij}^U(t))$ 是关于个体 $v_i$ 对于个体 $v_j$ 在 $t$ 时刻的偏好估计取值区间函数，估计偏好在估计取值区间内被随机选择，偏好估计取值区间可被表述如下，

情形 A：当 $y_j(t)=0$ 时，

$$\begin{cases} \xi_{ij}^L(t)=\max[0,x_j(t)-\varepsilon_{ij}(t)] \\ \xi_{ij}^U(t)=\min[h,x_j(t)+\varepsilon_{ij}(t)] \end{cases}, \tag{4.3}$$

个体 $v_i$ 对于个体 $v_j$ 在 $t$ 时刻的偏好估计取值区间为

$$\begin{cases} [\xi_{ij}^L(t),\xi_{ij}^U(t)),\xi_{ij}^U(t)=h \\ [\xi_{ij}^L(t),\xi_{ij}^U(t)],\xi_{ij}^U(t)\neq h \end{cases} 。 \tag{4.4}$$

情形 B：当 $y_j(t)=1$ 时，

$$\begin{cases} \xi_{ij}^L(t)=\max[h,x_j(t)-\varepsilon_{ij}(t)] \\ \xi_{ij}^U(t)=\min[1,x_j(t)+\varepsilon_{ij}(t)] \end{cases} 。 \tag{4.5}$$

个体 $v_i$ 对于个体 $v_j$ 在 $t$ 时刻的偏好估计取值区间为 $[\xi_{ij}^L(t),\xi_{ij}^U(t)]$，其中，为个体 $v_i$ 对于个体 $v_j$ 在 $t$ 时刻的偏好估计误差半径，其动态变化受个体间认知程度的影响，具体可表述为：

$$\varepsilon_{ij}(t+1)=\mu\times\varepsilon_{ij}(t) 。 \tag{4.6}$$

$\mu(\mu \in [0,1])$ 是关于个体 $v_i$ 对于个体 $v_j$ 认知程度的偏好估计误差收敛系数。在现实生活中，当人们有了进一步的了解，那么对于对方的偏好猜测也会更加准确。当个体间进行深入了解时，收敛系数则会变小，偏好估计误差也会随之变小。随着个体间偏好和行动交互的不断增加，个体间的估计偏好将更接近真实偏好，即 $f_{ij}(t) \rightarrow x_j(t)$。

个体 $v_i$ 对于个体 $v_j$ 在 $t$ 时刻的偏好估计取值如图 4.1 所示。

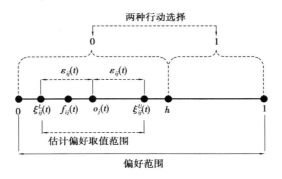

图 4.1　偏好估计取值范围示意图

在确定个体自身和个体间的偏好与行动交互关系之后，接下来本节将在 SNDG 模型的基础上构建偏好与行动的交互演化模型。

### 4.1.3　偏好与行动交互演化模型构建

偏好与行动演化模型的构建主要分为两部分，首先需要根据社会网络中个体的信任关系来分配个体的信任权重，然后再构建偏好与行动交互演化函数。

对社会网络 $G(V,E)$ 中的任意两个个体 $v_i$ 和 $v_j$，其中 $i=1,2,\cdots,n,j=1,2,\cdots,n$ 且 $i \neq j$，若存在 $(v_i,v_j) \in E$，那么有关于社会网络的 $0-1$ 邻接矩阵 $\boldsymbol{A}=(a_{ij})_{n \times n}$ 中的元素 $a_{ij}=1$；若不存在 $(v_i,v_j) \in E$，那么有 $a_{ij}=0$。

设 $\beta_i \in (0,1)$ 为个体 $v_i$ 对自身所分配的信任权重，$w_{ij}$ 为个体 $v_i$ 对其信任个体 $v_j$ 所分配的信任权重，那么 $w_{ij}$ 的计算过程可写为：

$$w_{ij} = \frac{(1 - \beta_i) a_{ij}}{\sum\limits_{j=1, j \neq i}^{n} a_{ij}},\qquad(4.7)$$

那么个体在 $t+1$ 时刻的偏好可表示为：

$$x_i(t + 1) = \beta_i x_i(t) + \sum\limits_{j=1, j \neq i}^{n} w_{ij} f_{ij}(t),\qquad(4.8)$$

个体在 $t+1$ 时刻的行动可表示为：

$$y_i(t+1) = \begin{cases} 0, & x_i(t+1) \in [0, h) \\ 1, & x_i(t+1) \in [h, 1] \end{cases}。\qquad(4.9)$$

当个体可以注意到其他个体的行动，却无法获得其他个体真实偏好的情况下，本模型能够描述个体之间的通过观察行动来猜测其他个体偏好的现象，并且进一步展示了在偏好与行动交互演化的下一阶段，偏好和行动是如何更新的。

## 4.2　偏好与行动交互演化理论分析

本节的主要内容是基于 OAIE 模型对个体偏好和行动的形成过程进行理论分析，挖掘在偏好与行动的交互演化过程中，意见领袖、随众、偏好、行动等条件要素对于演化结果的影响。首先本节对能够形成稳定偏好的个体和不能够形成稳定偏好的个体进行了区分和定义，然后分别在意见领袖存在的社会网络和意见领袖不存在的社会网络中研究了个体是否能够根据行动准确估计彼此偏好对于个体偏好与行动交互演化最终阶段状态的影响，并以命题的形式总结出社会网络中基于意见领袖的偏好与行动的交互演化规律，最后加以证明。

**定义 8**　对任意初始偏好 $x_i(t)$（$x_i(t) \in [0, 1], i = 1, 2, \cdots, n$），若存在常数 $c_i \in [0, 1]$，且 $\lim\limits_{t \to \infty} x_i(t) = c_i$，那么个体 $v_i$ 是一个稳定个体；反之，则个体 $v_i$ 是一个波动个体。

在社会网络 $G(V,E)$ 中，设 $\overline{V}$ 为稳定个体的集合，$\widetilde{V}$ 为波动个体的集合，其中 $\overline{V}\cup\widetilde{V}=V,\overline{V}\cap\widetilde{V}=\varnothing$。

本节将考虑两种情况对偏好与行动的交互演化进行理论分析，首先考虑当社会网络中存在意见领袖时偏好与行动的交互演化规律，其次考虑在社会网络中不存在意见领袖的情况。

## 4.2.1 社会网络中存在意见领袖

设社会网络 $G(V,E)$ 中存在意见领袖，即 $V_N^{\text{leader}}\neq\varnothing$。

**命题1** 当 $V_N^{\text{leader}}\neq\varnothing$ 时，若对任意个体 $v_i,v_j\in V(i\neq j)$ 存在 $\varepsilon_{ij}(t)=0$，有：

（1）$\lim\limits_{t\to\infty} x_i(t)=c_i(i=1,2,\cdots,n),V=\overline{V}$；

（2）$c=c_i=\sum\limits_{x_i\in X_N^{\text{leader}}}\lambda_i x_i(0)$，其中 $\lambda_i\geq 0$ 且 $\sum\limits_{i=1}^n \lambda_i=1$；

（3）存在一致的行动 $\lim\limits_{t\to\infty} x_i(t)=\begin{cases}1, & c\geq h\\ 0, & c<h\end{cases}$

命题1展示了当社会网络中存在意见领袖时，若个体对彼此的估计偏好都是准确的，那么在偏好与行动交互演化的最后阶段，所有个体都是稳定个体。并且群体能够形成一个共识偏好和一致的行动，共识偏好可以通过社会网络中意见领袖的初始偏好的线性组合来确定。

证明：

当 $V_N^{\text{leader}}\neq\varnothing$ 时，设 $V=\{v_1,v_2,\cdots,v_n\}$ 为社会网络 $G(V,E)$ 中的个体集合，$x_i(t)(x_i(t)\in[0,1],i=1,2,\cdots,n)$ 为个体 $v_i$ 在 $t(t=0,1,2,\cdots)$ 时刻的偏好，$y_i(t)$ 为个体 $v_i$ 在 $t$ 时刻的行动。在命题1中对任意个体 $v_i,v_j\in V(i\neq j)$ 存在 $\varepsilon_{ij}(t)=0$，由式（4.3）—式（4.5）可知，个体间的估计偏好都是准确的，即 $f_{ij}(t)=x_j(t)$。那么个体 $v_i$ 在 $t+1$ 时刻的偏好可写为

$$x_i(t+1) = \beta_i x_i(t) + \sum_{j=1, j \neq i}^{n} w_{ij} x_j(t) , \tag{4.10}$$

式(4.10)可表示为

$$\boldsymbol{X}(t+1) = \boldsymbol{W} \times \boldsymbol{X}(t) , \tag{4.11}$$

其中

$$\boldsymbol{W} = \begin{pmatrix} \beta_1 & w_{12} & \cdots & w_{1n} \\ w_{21} & \beta_2 & \cdots & w_{2n} \\ \vdots & \vdots & & \vdots \\ w_{n1} & w_{n2} & \cdots & \beta_n \end{pmatrix} , \tag{4.12}$$

那么有

$$\lim_{t \to \infty} \boldsymbol{W}^t = \begin{pmatrix} \theta_1 & \theta_2 & \cdots & \theta_n \\ \theta_1 & \theta_2 & \cdots & \theta_n \\ \vdots & \vdots & & \vdots \\ \theta_1 & \theta_2 & \cdots & \theta_n \end{pmatrix} 。 \tag{4.13}$$

基于文献[35]中的引理 1 证明，$\sum_{i=1}^{n} \theta_i = 1 (\theta_i \geq 0, i = 1, 2, \cdots, n)$。所以有

$$\lim_{t \to \infty} \boldsymbol{X}(t) = \lim_{t \to \infty} \boldsymbol{W}^t \boldsymbol{X}(0) = \begin{pmatrix} \theta_1 & \theta_2 & \cdots & \theta_n \\ \theta_1 & \theta_2 & \cdots & \theta_n \\ \vdots & \vdots & & \vdots \\ \theta_1 & \theta_2 & \cdots & \theta_n \end{pmatrix} \begin{pmatrix} x_1(0) \\ x_2(0) \\ \vdots \\ x_n(0) \end{pmatrix} = \begin{pmatrix} \sum_{i=1}^{n} \theta_i x_i(0) \\ \sum_{i=1}^{n} \theta_i x_i(0) \\ \vdots \\ \sum_{i=1}^{n} \theta_i x_i(0) \end{pmatrix} = \begin{pmatrix} c \\ c \\ \cdots \\ c \end{pmatrix} , \tag{4.14}$$

社会网络中个体的行动可以表示为

$$\lim_{t \to \infty} y_1(t) = \lim_{t \to \infty} y_2(t) = \cdots = \lim_{t \to \infty} y_n(t) = \begin{cases} 1, c \geq h \\ 0, c < h \end{cases} 。 \tag{4.15}$$

基于定义 1，为了不失一般性，设 $v_l$ 为社会网络 $G(V,E)$ 中的一个意见领袖，对于任意 $V$ 中的个体存在 $v_i \in \dfrac{V}{v_l}$。存在某一时刻 $t_1$，使得 $(E^{t_1})_{il} > 0$，$i = 1$，$2, \cdots, n$ 且 $i \neq l$，那么当 $t > t_1$ 时 $W^{t_1}$ 这一列的所有元素都是正数，即 $(W^t)_{il} > 0 (t > t_1$，$i = 1, 2, \cdots, n, i \neq l)$，所以可以得出 $\theta_l > 0$。同样也可以得出若 $\theta_l > 0$，$v_l$ 为社会网络 $G(V,E)$ 中的一个意见领袖，若 $v_l$ 为社会网络 $G(V,E)$ 中的一个随众，则有 $\theta_l = 0$，反之亦然。

因此，任意个体 $v_i \in V (i = 1, 2, \cdots, n)$ 都是稳定个体，且群体能够形成一个共识偏好，这个偏好是所有意见领袖初始偏好的线性组合，即 $c = \sum\limits_{v_i \in V_N^{leader}} \lambda_i x_i(0)$，其中 $\lambda_i \geqslant 0$ 且 $\sum\limits_{i=1}^{n} \lambda_i = 1$。此外，所有个体都会形成一致的行动，即

$$\lim_{t \to \infty} y_i(t) = \begin{cases} 1, & c \geqslant h \\ 0, & c < h \end{cases}。$$

证毕。

**命题 2** 当 $V_N^{leader} \neq \varnothing$ 时，若对任意个体 $v_i, v_j \in V (i \neq j)$ 存在 $\varepsilon_{ij}(t) \in [0,1]$ 且 $\mu \in [0,1) (t = 0, 1, 2, \cdots)$ 有：

（1）$\exists t'$，当 $t > t'$ 时，使得 $f_{ij}(t) = x_j(t)$，$\lim\limits_{t \to \infty} x_i(t) = \bar{c}_i (i = 1, 2, \cdots, n)$，$V = \bar{V}$，$\bar{c} = \bar{c}_i = \sum\limits_{x_i \in X_N^{leader}} \lambda_i x_i(t')$ 其中 $\lambda_i \geqslant 0$ 且 $\sum\limits_{i=1}^{n} \lambda_i = 1$；

（2）存在一致的行动 $\lim\limits_{t \to \infty} y_i(t) = \begin{cases} 1, & \bar{c} \geqslant h \\ 0, & \bar{c} < h \end{cases}。$

命题 2 展示了当社会网络中存在意见领袖时，若偏好估计误差半径的收敛系数不为 1，则所有个体在偏好与行动的交互演化最后阶段都是稳定个体，群体能够形成一个共识和一致的行动。当个体间偏好估计误差半径为 0 时，共识偏好由此时意见领袖的偏好所决定。

证明：

当 $V_N^{\text{leader}} \neq \varnothing$ 时,设 $V = \{v_1, v_2, \cdots, v_n\}$ 为社会网络 $G(V,E)$ 中的个体集合,$x_i(t)(x_i(t) \in [0,1], i=1,2,\cdots,n)$ 为个体 $v_i$ 在 $t(t=0,1,2,\cdots)$ 时刻的偏好,$x_i(t)$ 为个体 $v_i$ 在 $t$ 时刻的行动。在命题 2 中对任意个体 $v_i, v_j \in V(i \neq j)$ 存在 $\varepsilon_{ij}(t) \in [0,1]$ 且 $\mu \in [0,1)(t=0,1,2,\cdots)$ 可以由公式(4.6)看出个体 $v_i$ 对个体 $v_j$ 的偏好估计误差半径会随着时间和收敛系数发生改变,因此在 $\exists t', t \geq t'$ 时,$\varepsilon_{ij}(t) = \mu^t \times \varepsilon_{ij}(0) = 0$。

那么当 $\varepsilon_{ij}(t) = 0, t \geq t'$ 时,估计偏好将变得准确,即 $f_{ij}(t) = x_j(t)$。那么个体 $v_i$ 在 $t+1$ 时刻的偏好同样可写为公式(4.10),基于命题 1 的证明,有

$$
\lim_{t \to \infty} X(t) = \lim_{t \to \infty} W^t X(t') = \begin{pmatrix} \theta_1 & \theta_2 & \cdots & \theta_n \\ \theta_1 & \theta_2 & \cdots & \theta_n \\ \vdots & \vdots & & \vdots \\ \theta_1 & \theta_2 & \cdots & \theta_n \end{pmatrix} \begin{pmatrix} x_1(t') \\ x_2(t') \\ \vdots \\ x_n(t') \end{pmatrix} = \begin{pmatrix} \sum\limits_{i=1}^{n} \theta_i x_i(t') \\ \sum\limits_{i=1}^{n} \theta_i x_i(t') \\ \vdots \\ \sum\limits_{i=1}^{n} \theta_i x_i(t') \end{pmatrix} = \begin{pmatrix} \bar{c} \\ \bar{c} \\ \vdots \\ \bar{c} \end{pmatrix},
$$

$$(4.16)$$

社会网络中个体的行动可以表示为

$$
\lim_{t \to \infty} y_1(t) = \lim_{t \to \infty} y_2(t) = \cdots = \lim_{t \to \infty} y_n(t) = \begin{cases} 1, \bar{c} \geq h \\ 0, \bar{c} < h \end{cases}。 \tag{4.17}
$$

与命题 1 证明中意见领袖的分析一致,设 $v_l$ 为社会网络 $G(V,E)$ 中的一个意见领袖,对于任意 $X$ 中的个体存在 $v_i \in V/v_l$,那么有 $\theta_l > 0$。若 $v_l$ 为社会网络 $G(V,E)$ 中的一个随众,则有 $\theta_l = 0$。

因此,任意个体 $v_i \in V, i=1,2,\cdots,n$ 都是稳定个体,且个体间偏好估计误差半径趋近于 0 后,群体能够形成一个共识偏好,即 $\exists t'$,当 $t > t'$ 时有 $f_{ij}(t) = x_j(t)$,共识偏好 $\bar{c} = \sum\limits_{x_i \in X_N^{\text{leader}}} \lambda_i x_i(t')$,其中 $\lambda_i \geq 0$ 且 $\sum\limits_{i=1}^{n} \lambda_i = 1$。此外,所有个体都会形成

一致的行动,即 $\lim\limits_{t \to \infty} y_i(t) = \begin{cases} 1, \bar{c} \geqslant h \\ 0, \bar{c} < h \end{cases}$。

证毕。

**命题 3** 当 $V_N^{\text{leader}} \neq \varnothing$ 时,若对任意个体 $v_i, v_j \in V(i \neq j)$ 存在 $\varepsilon_{ij}(t) \neq 0(t = 0, 1, 2, \cdots)$ 且 $\mu = 1$,那么 $V = \bar{V}$。

命题 3 提出若所有个体都无法准确估计出其他个体的真实偏好,则所有个体都是波动个体。

证明:

命题 3 的证明将由反证法得出。

当 $V_N^{\text{leader}} \neq \varnothing$ 时,设 $V = \{v_1, v_2, \cdots, v_n\}$ 为社会网络 $G(V, E)$ 中的个体集合,$x_i(t)(x_i(t) \in [0, 1], i = 1, 2, \cdots, n)$ 为个体 $v_i$ 在 $t(t = 0, 1, 2, \cdots)$ 时刻的偏好,$y_i(t)$ 为个体 $v_i$ 在 $t$ 时刻的行动。在命题 3 中对任意个体 $v_i, v_j \in V(i \neq j)$ 存在 $\varepsilon_{ij}(t) \neq 0$,$t = 0, 1, 2, \cdots$ 且 $\mu = 1$。那么假设个体 $v_i$ 和 $v_j$ 是两个相互信任的稳定个体,由命题 1 的证明群体将会形成共识和一致的行动。因此,$\exists t_2$,当 $t \geqslant t_2$ 时有

$$x_i(t) = x_j(t) = \bar{\bar{c}}, \tag{4.18}$$

且

$$y_i(t) = y_j(t)。 \tag{4.19}$$

又因为两个个体都是稳定个体,个体 $v_i$ 和 $v_j$ 在 $t + 1$ 时刻的偏好可描述为

$$x_i(t+1) = x_i(t) = x_j(t+1) = x_j(t) = \bar{\bar{c}}, \tag{4.20}$$

个体 $v_i$ 和 $v_j$ 在 $t + 1$ 时刻的行动可描述为

$$y_i(t+1) = y_i(t) = y_j(t+1) = y_j(t) = \begin{cases} 1, & \bar{\bar{c}} \geqslant h \\ 0, & \bar{\bar{c}} < h \end{cases}。 \tag{4.21}$$

基于公式(4.8),个体 $v_i$ 和 $v_j$ 的偏好演化可写为

$$x_i(t+1) = \beta_i x_i(t) + w_{ij} f_{ij}(t), \tag{4.22}$$

$$x_j(t+1) = \beta_j x_j(t) + w_{ji} f_{ji}(t)。 \tag{4.23}$$

对于个体 $x_i$ 和个体 $x_j$，$\forall t > t_2$，$\exists f_{ij}(t) = f_{ji}(t) = x_i(t) = x_j(t) = \overline{\overline{c}}$，使得个体在下一阶段的偏好保持不变。但根据式(4.2)—式(4.6)，当条件 $\forall t > t_2$，$\exists \xi_{ij}^L(t) = \xi_{ij}^U(t) = \overline{\overline{c}}$ 成立时，才能使得 $f_{ij}(t) = f_{ji}(t) = \overline{\overline{c}}$。并且只有当条件 $\forall t > t_2$，$\exists \varepsilon_{ij}(t) = \varepsilon_{ji}(t) = 0$ 成立时，才能使得 $\forall t > t_2$，$\exists \xi_{ij}^L(t) = \xi_{ij}^U(t) = \overline{\overline{c}}$。这明显与命题3的假设条件不符。

证毕。

从命题1至命题3可以得出，在 OAIE 模型中，社会网络中存在意见领袖并不是所有个体都能达成共识的充分条件。

## 4.2.2　社会网络中不存在意见领袖

当社会网络 $G(V,E)$ 中不存在意见领袖时，即 $V_G^{leader} = \varnothing$，可以通过网络划分算法[35]将社会网络分为不同的子网，再对子网中的偏好与行动交互演化进行研究。划分后的子网集合可写为 $M = \{G^{(1)}(V^{(1)}, E^{(1)}), G^{(2)}(V^{(2)}, E^{(2)}), \cdots,$ $G^{(z)}(V^{(z)}, E^{(z)})\}$，其中 $z \geq 2$。对任意子网 $G^{(k)}(V^{(k)}, E^{(k)})(k = 1, 2, \cdots, z)$，设 $V^{(k)} = \{v_1^{(k)}, v_2^{(k)}, \cdots, v_m^{(k)}\}$ 为子网中的个体集合，设 $V_{G^{(k)}}^{leader}$ 为子网中的意见领袖集合，$V_{G^{(k)}}^{follower}$ 为子网中的随众集合，其中 $V_{G^{(k)}}^{leader} \cup V_{G^{(k)}}^{follower} = V^{(k)}$ 且 $V_{G^{(k)}}^{leader} \cap V_{G^{(k)}}^{follower} = \varnothing$。

**命题4**　当 $V_N^{leader} = \varnothing$ 时，若对任意子网 $G^{(k)}(V^{(k)}, E^{(k)})$ 中的个体 $v_p^{(k)}$，$v_q^{(k)} \in V^{(k)}(p \neq q)$ 有 $\varepsilon_{pq}^{(k)}(t) = 0(t = 0, 1, 2, \cdots; k = 1, 2, \cdots, z)$，那么：

(1) $\lim\limits_{t \to \infty} x_p^{(k)}(t) = c_p^{(k)}(p = 1, 2, \cdots, m)$，$V^{(k)} \in \overline{V}$；

(2) 子网中存在共识偏好 $c^{(k)} = c_p^{(k)} = \sum\limits_{v_p^{(k)} \in V_{G^{(k)}}^{leader}} \lambda_p^{(k)} x_p^{(k)}(0)$，其中 $\lambda_p^{(k)} \geq 0$ 且

$\sum\limits_{p=1}^m \lambda_p^{(k)} = 1$；

(3) 子网存在一致的行动 $\lim\limits_{t \to \infty} y_p^{(k)}(t) = \begin{cases} 1, & c^{(k)} \geq h \\ 0, & c^{(k)} < h \end{cases}$。

命题4展示了当社会网络中不存在意见领袖时，若子网中所有个体都能准

确估计其他个体的偏好,那么在偏好与行动交互演化的最终阶段,所有个体都是稳定个体,并且群体能够在子网中形成共识和一致的行动。此外,子网中的共识偏好由子网意见领袖的初始偏好线性组合所决定。

证明:

当 $V_G^{\text{leader}} = \varnothing$ 时,基于网络划分算法[13]有 $M = \{ G^{(1)}(V^{(1)}, E^{(1)}), G^{(2)}(V^{(2)}, E^{(2)}), \cdots, G^{(z)}(V^{(z)}, E^{(z)}) \}$,其中 $z \geq 2$。设 $V^{(k)} = \{ v_1^{(k)}, v_2^{(k)}, \cdots, v_m^{(k)} \}$ 为子网中的个体集合,$V_{G^{(k)}}^{\text{leader}}$ 为子网中的意见领袖集合,$V_{G^{(k)}}^{\text{follower}}$ 为子网中的随众集合。子网个体 $v_p^{(k)}(p = 1, 2, \cdots, m)$ 在 $t(t = 0, 1, 2, \cdots)$ 时刻的偏好可设为 $x_p^{(k)}(t)$,行动可设为 $y_p^{(k)}(t)$。因为在命题 4 中对任意子网 $G^{(k)}(V^{(k)}, E^{(k)})$ 中的个体 $v_p^{(k)}$, $v_q^{(k)} \in V^{(k)}(p \neq q)$ 有 $\varepsilon_{pq}^{(k)}(t) = 0(t = 0, 1, 2, \cdots; k = 1, 2, \cdots, z)$,那么基于式 (4.2)—式 (4.6),子网个体 $v_p^{(k)}, v_q^{(k)}$ 能够准确估计彼此偏好,即 $f_{pq}^{(k)}(t) = x_q^{(k)}(t)$。个体 $v_p^{(k)}$ 在 $t+1$ 时刻的偏好可写为

$$v_p^{(k)}(t+1) = \beta_p^{(k)} v_p^{(k)}(t) + \sum_{q=1, q \neq p}^{m} w_{pq}^{(k)} v_q^{(k)}(t), \qquad (4.24)$$

$$V^{(k)}(t+1) = W_k \times V^{(k)}(t)。 \qquad (4.25)$$

基于命题 1 的证明,有

$$\lim_{t \to \infty} \boldsymbol{W}_k^t = \begin{pmatrix} \theta_1^{(k)} & \theta_2^{(k)} & \cdots & \theta_m^{(k)} \\ \theta_1^{(k)} & \theta_2^{(k)} & \cdots & \theta_m^{(k)} \\ \vdots & \vdots & & \vdots \\ \theta_1^{(k)} & \theta_2^{(k)} & \cdots & \theta_m^{(k)} \end{pmatrix}, \qquad (4.26)$$

其中 $\sum_{p=1}^{m} \theta_p^{(k)} = 1, \theta_p^{(k)} \geq 0, p = 1, 2, \cdots, m$。接着

$$\lim_{t \to \infty} \boldsymbol{X}^{(k)}(t) = \lim_{t \to \infty} \boldsymbol{W}_k^t \boldsymbol{X}^{(k)}(0) = \begin{pmatrix} \theta_1^{(k)} & \theta_2^{(k)} & \cdots & \theta_m^{(k)} \\ \theta_1^{(k)} & \theta_2^{(k)} & \cdots & \theta_m^{(k)} \\ \vdots & \vdots & & \vdots \\ \theta_1^{(k)} & \theta_2^{(k)} & \cdots & \theta_m^{(k)} \end{pmatrix} \begin{pmatrix} x_1^{(k)}(0) \\ x_2^{(k)}(0) \\ \vdots \\ x_m^{(k)}(0) \end{pmatrix} =$$

$$\begin{pmatrix} \sum\limits_{p=1}^{m} \theta_p^{(k)} x_p^{(k)}(0) \\ \sum\limits_{p=1}^{m} \theta_p^{(k)} x_p^{(k)}(0) \\ \cdots \\ \sum\limits_{p=1}^{m} \theta_p^{(k)} x_p^{(k)}(0) \end{pmatrix} = \begin{pmatrix} c^{(k)} \\ c^{(k)} \\ \cdots \\ c^{(k)} \end{pmatrix}, \qquad (4.27)$$

子网个体在 $t+1$ 时刻的行动可写为

$$\lim_{t \to \infty} y_1^{(k)}(t) = \lim_{t \to \infty} y_2^{(k)}(t) = \cdots = \lim_{t \to \infty} y_m^{(k)}(t) = \begin{cases} 1, c^{(k)} \geqslant h \\ 0, c^{(k)} < h \end{cases}。 \qquad (4.28)$$

基于命题 1 的证明,设 $v_l^{(k)}$ 为子网 $G^{(k)}(V^{(k)}, E^{(k)})$ 中的一个意见领袖,有 $\theta_l^{(k)} > 0$,若 $v_l^{(k)}$ 为子网 $G^{(k)}(V^{(k)}, E^{(k)})$ 中的一个随众,有 $\theta_l^{(k)} = 0$。

因此,子网中的全部个体 $v_p^{(k)} \in V^{(k)} (p = 1, 2, \cdots, m)$ 都是稳定个体,群体能够在子网中形成共识和一致的行动,子网中的共识偏好由子网意见领袖初始偏好的线性组合所决定,即 $c^{(k)} = \sum\limits_{x_p^{(k)} \in X_{N(k)}^{leader}} \lambda_p^{(k)} x_p^{(k)}(0)$,其中 $\lambda_p^{(k)} > 0$ 且 $\sum\limits_{p=1}^{m} \lambda_p^{(k)} = 1$。

证毕。

**命题 5**  当 $V_G^{leader} = \varnothing$ 时,若对任意子网 $G^{(k)}(V^{(k)}, E^{(k)})$ 中的个体 $v_p^{(k)}$, $v_q^{(k)} \in V^{(k)}(p \neq q)$ 有 $\varepsilon_{pq}^{(k)}(t) \in [0,1]$,$(t = 0, 1, 2, \cdots; k = 1, 2, \cdots, z)$ 且 $\mu \in [0,1]$,那么:

(1)$\exists t''$,当 $t > t''$ 时,$f_{pq}^{(k)}(t) = x_q^{(k)}(t)$,$\lim\limits_{t \to \infty} x_p(t) = \bar{c}_p^{(k)}$,$X^{(k)} \in \bar{X}$,子网共识偏好 $\bar{c}_p^{(k)} = \bar{c}^{(k)} = \sum\limits_{x_p^{(k)} \in X_{N(k)}^{leader}} \lambda_p^{(k)} x_p^{(k)}(t'') (p = 1, 2, \cdots, m)$,其中 $\lambda_p^{(k)} \geqslant 0$ 且 $\sum\limits_{i=1}^{m} \lambda_p^{(k)} = 1$;

(2)子网中存在一致的行动 $\lim\limits_{t \to \infty} y_p^{(k)}(t) = \begin{cases} 1, & \bar{c}^{(k)} \geqslant h \\ 0, & \bar{c}^{(k)} < h \end{cases}。$

命题 5 展示了当社会网络中不存在意见领袖时,若子网中个体偏好估计误差半径的收敛系数不为 1,则子网中的所有个体在偏好和行动的交互演化最后阶段都是稳定个体,且群体能够在子网中形成共识和一致的行动,特别的是在子网所有个体的偏好估计误差半径为 0 时,子网中的共识偏好由此时子网中所有意见领袖的偏好所决定。

证明:

当 $V_{\mathrm{G}}^{\mathrm{leader}} = \varnothing$ 时,基于网络划分算法[13]有 $M = \{ G^{(1)} ( V^{(1)} , E^{(1)} ) , G^{(2)} ( V^{(2)} , E^{(2)} ) , \cdots , G^{(z)} ( V^{(z)} , E^{(z)} ) \}$,其中 $z \geqslant 2$。设 $V^{(k)} = \{ v_1^{(k)} , v_2^{(k)} , \cdots , v_m^{(k)} \}$ 为子网中的个体集合,$V_{\mathrm{G}(k)}^{\mathrm{leader}}$ 为子网中的意见领袖集合,$V_{\mathrm{G}(k)}^{\mathrm{follower}}$ 为子网中的随众集合。子网个体 $v_p^{(k)} ( p = 1 , 2 , \cdots , m )$ 在 $t ( t = 0 , 1 , 2 , \cdots )$ 时刻的偏好可设为 $x_p^{(k)} ( t )$,行动可设为 $y_p^{(k)} ( t )$。因为在命题 5 中对任意子网 $G^{(k)} ( V^{(k)} , E^{(k)} )$ 中的个体 $v_p^{(k)} , v_q^{(k)} \in V^{(k)}$ $( p \neq q )$ 有 $\varepsilon_{pq}^{(k)} ( t ) \in [ 0 , 1 ] , ( t = 0 , 1 , 2 , \cdots ; k = 1 , 2 , \cdots , z )$ 且 $\mu \in [ 0 , 1 )$,基于命题 2 的证明,$\exists t'' , t \geqslant t'' , \varepsilon_{pq}^{(k)} ( t ) = \mu^t \times \varepsilon_{pq}^{(k)} ( 0 ) = 0$。

由于 $\lim\limits_{t'' \to \infty} \varepsilon_{pq}^{(k)} ( t'' ) = 0 , t \geqslant t''$,那么基于式(4.2)—式(4.6),子网中的任意个体 $v_p^{(k)}$ 和 $v_q^{(k)} ( p \neq q )$ 能够准确估计彼此偏好,即 $f_{pq}^{(k)} ( t ) = x_q^{(k)} ( t )$,个体 $v_p^{(k)}$ 在 $t+1$ 时刻的偏好可写为

$$x_p^{(k)} ( t + 1 ) = \beta_p^{(k)} x_p^{(k)} ( t ) + \sum_{q = 1 , q \neq p}^{m} w_{pq}^{(k)} x_q^{(k)} ( t ) , \tag{4.29}$$

$$X^{(k)} ( t+1 ) = W_k \times X^{(k)} ( t ) 。 \tag{4.30}$$

基于命题 2 的证明有

$$\lim_{t \to \infty} \boldsymbol{X}^{(k)} ( t ) = \lim_{t \to \infty} \boldsymbol{W}_k^t \boldsymbol{X}^{(k)} ( t'' ) = \begin{pmatrix} \theta_1^{(k)} & \theta_2^{(k)} & \cdots & \theta_m^{(k)} \\ \theta_1^{(k)} & \theta_2^{(k)} & \cdots & \theta_m^{(k)} \\ \vdots & \vdots & & \vdots \\ \theta_1^{(k)} & \theta_2^{(k)} & \cdots & \theta_m^{(k)} \end{pmatrix} \begin{pmatrix} x_1^{(k)} ( t'' ) \\ x_2^{(k)} ( t'' ) \\ \vdots \\ x_m^{(k)} ( t'' ) \end{pmatrix} =$$

$$
\begin{pmatrix}
\sum_{i=1}^{m} \theta_p^{(k)} x_p^{(k)}(t'') \\
\sum_{i=1}^{m} \theta_p^{(k)} x_p^{(k)}(t'') \\
\cdots \\
\sum_{i=1}^{m} \theta_p^{(k)} x_p^{(k)}(t'')
\end{pmatrix}
=
\begin{pmatrix}
\bar{c}^{(k)} \\
\bar{c}^{(k)} \\
\cdots \\
\bar{c}^{(k)}
\end{pmatrix},
\tag{4.31}
$$

子网个体在 $t+1$ 时刻的行动可写为

$$
\lim_{t \to \infty} y_1^{(k)}(t) = \lim_{t \to \infty} y_2^{(k)}(t) = \cdots = \lim_{t \to \infty} y_m^{(k)}(t) = \begin{cases} 1, \bar{c}^{(k)} \geq h \\ 0, \bar{c}^{(k)} < h \end{cases}。
\tag{4.32}
$$

基于命题 1 的证明,设 $v_l^{(k)}$ 为子网 $G^{(k)}(V^{(k)}, E^{(k)})$ 中的一个意见领袖,对任意子网中的个体存在 $v_p^{(k)} \in \dfrac{V^{(k)}}{v_l^{(k)}}$,有 $\theta_l^{(k)} > 0$,若 $v_l^{(k)}$ 是子网中的一个随众,则有 $\theta_l^{(k)} = 0$。

因此子网中的所有个体都是稳定个体,并且群体能够在子网中形成共识和一致的行动,该共识偏好由偏好估计误差半径为 0 时意见领袖的偏好所决定。即 $\exists t''$,当 $t > t''$ 时,$f_{pq}^{(k)}(t) = x_q^{(k)}(t)$,$\bar{c}^{(k)} = \sum\limits_{x_p^{(k)} \in X_{N(k)}^{\text{leader}}} \lambda_p^{(k)} x_p^{(k)}(t'') \ (p = 1, 2, \cdots, m)$,其

中 $\lambda_p^{(k)} \geq 0$ 且 $\sum\limits_{i=1}^{m} \lambda_p^{(k)} = 1$。个体一致的行动 $\lim\limits_{t \to \infty} y_p^{(k)}(t) = \begin{cases} 1, \bar{c}^{(k)} \geq h \\ 0, \bar{c}^{(k)} < h \end{cases}$。

证毕。

**命题 6**　当 $V_{\text{G}}^{\text{leader}} = \varnothing$ 时,若对任意子网 $G^{(k)}(V^{(k)}, E^{(k)})$ 中的个体 $v_p^{(k)}$,$v_q^{(k)} \in V^{(k)}(p \neq q)$ 有 $\varepsilon_{pq}^{(k)}(t) \neq 0, t = 0, 1, 2, \cdots$,且 $\mu = 1$,那么 $V^{(k)} = \widetilde{V}$。

命题 6 证明了若子网中的个体都始终无法准确彼此偏好,那么子网中的所有个体都是波动个体。

证明:

命题 6 也同样可用反证法进行证明。

当 $V_{\mathrm{G}}^{\mathrm{leader}} = \varnothing$ 时,设 $V = \{v_1, v_2, \cdots, v_n\}$ 为社会网络 $G(V, E)$ 中的个体集合,$x_i(t)$($x_i(t) \in [0,1]$,$i = 1, 2, \cdots, n$)为个体 $v_i$ 在 $t$($t = 0, 1, 2, \cdots$)时刻的偏好,$x_i(t)$ 为个体 $v_i$ 在 $t$ 时刻的行动。因为在子网 $G^{(k)}(V^{(k)}, E^{(k)})$ 中的个体 $v_p^{(k)}$,$v_q^{(k)} \in V^{(k)}$($p \neq q$)有 $\varepsilon_{pq}^{(k)}(t) \neq 0$,$t = 0, 1, 2, \cdots$,且 $\mu = 1$,那么基于命题 3 的证明,那么假设个体 $v_p^{(k)}$ 和 $v_q^{(k)}$ 是两个相互信任的稳定个体,由命题 4 的证明群体将会在子网 $G^{(k)}(V^{(k)}, E^{(k)})$ 中形成共识和一致的行动。因此,$\exists t_3$,当 $t \geq t_3$ 时有 $x_p^{(k)}(t) = x_q^{(k)}(t) = \overline{\overline{c}}^{(k)}$。对于个体 $v_p^{(k)}$ 和 $v_q^{(k)}$,$\forall t > t_3$,$\exists f_{pq}^{(k)}(t) = f_{qp}^{(k)}(t) = x_p^{(k)}(t) = x_q^{(k)}(t) = \overline{\overline{c}}^{(k)}$ 使得群体的偏好始终是子网共识偏好。但是根据式(4.2)—式(4.6),当条件 $\forall t > t_3$,$\exists \xi_{pq}^{L,(k)}(t) = \xi_{pq}^{U,(k)}(t) = \overline{\overline{c}}^{(k)}$ 满足时 $f_{pq}^{(k)}(t) = f_{qp}^{(k)}(t) = \overline{\overline{c}}^{(k)}$ 才能够成立。并且当另一条件 $\forall t > t_3$,$\exists \varepsilon_{pq}^{(k)}(t) = \varepsilon_{qp}^{(k)}(t) = 0$ 满足时条件 $\forall t > t_3$,$\exists \xi_{pq}^{L,(k)}(t) = \xi_{pq}^{U,(k)}(t) = \overline{\overline{c}}^{(k)}$ 才能够成立。这明显与命题 6 中的假设 $\varepsilon_{pq}^{(k)}(t) \neq 0$ 不符。

因此,命题 6 证毕。

**命题 7** 当 $V_{\mathrm{G}}^{\mathrm{leader}} = \varnothing$ 时,有

(1)$\forall t > \bar{t}$,$\varepsilon_{pq}^{(k)}(t) = 0$($p \neq q$,$k = 1, 2, \cdots, z$),那么 $\overline{V} = \bigcup\limits_{k=1}^{z} V^{(k)}$;

(2)$\exists v_p^{(k)} \in V_{\mathrm{N}(k)}^{\mathrm{leader}}$($k = 1, 2, \cdots, z$)且 $\forall t$,$\varepsilon_{pq}^{(k)}(t) \neq 0$($p \neq q$,$t = 1, 2, \cdots$)那么 $\widetilde{V} = \bigcup\limits_{k=1}^{z} V^{(k)}$。

基于命题 1 至命题 6,显然可以得出命题 7。

命题 4 至命题 7 的提出,同样也说明了命题 1 至命题 3 适用于子网划分算法处理过后的网络。

# 4.3　偏好与行动交互演化仿真实验分析

本节旨在通过算例分析、仿真实验分析和拓展实验分析对社会网络中基于意见领袖的偏好与行动交互演化过程进行研究。首先为了进一步说明理论分析中的 7 个命题,本节通过实验算例仿真分析展示了命题 1 至命题 6 中个体偏

好与行动的演化过程;接着本节通过仿真实验分析探究了网络连接概率、自信任、偏好阈值等不同个体特征在偏好和行动交互演化过程中对于偏好稳定时间等演化指标产生的影响;最后,为了研究异质个体在演化中的表现,还进行了拓展实验分析。

在本节的算例中,假设社会网络为简单图 $G(V,E)$,其中个体集合 $V=\{v_1, v_2, v_3, v_4, v_5, v_6\}$,个体 $v_i(i=1,2,3,4,5,6)$ 分配给自身的信任权重为 $\beta_i=0.8$。设个体行动选择的偏好阈值 $h=0.5$,并设 $X(0)=(x_1(0),x_2(0),\cdots,x_6(0))^{\mathrm{T}}=(0.15,0.3,0.45,0.55,0.7,0.95)^{\mathrm{T}}$ 为该网络中个体的初始偏好,$Y(0)=(y_1(0), y_2(0),\cdots,y_6(0))^{\mathrm{T}}=(0,0,0,1,1,1)^{\mathrm{T}}$ 为该网络中个体的初始行动。

设 $v_i$ 和 $v_j$ 为社会网络 $G(V,E)$ 中的两个个体,其中 $i,j\in\{1,2,3,4,5,6\}$ 且 $i\neq j$。设个体 $v_i$ 对 $v_j$ 在 $t(t=0,1,2,\cdots)$ 时刻的偏好估计误差半径为 $\varepsilon_{ij}(t)\in[0,1]$,$f_{ij}(t)\in[0,1]$ 为个体 $v_i$ 对个体 $v_j$ 在 $t$ 时刻的估计偏好。设网络中意见领袖的集合为 $V_{\mathrm{G}}^{\mathrm{leader}}$,随众的集合为 $V_{\mathrm{G}}^{\mathrm{follower}}$,其中 $V_{\mathrm{G}}^{\mathrm{leader}}\cup V_{\mathrm{G}}^{\mathrm{follower}}=V$ 且 $V_{\mathrm{G}}^{\mathrm{leader}}\cap V_{\mathrm{G}}^{\mathrm{follower}}=\varnothing$。设 $\bar{V}$ 为稳定个体的集合,$\tilde{V}$ 为波动个体的集合,其中 $\bar{V}\cup\tilde{V}=V,\bar{V}\cap\tilde{V}=\varnothing$。

在算例分析中同样分两种情况进行讨论,即社会网络中存在意见领袖的情况和社会网络中不存在意见领袖的情况。

## 4.3.1　情景一: $V_{\mathrm{N}}^{\mathrm{leader}}\neq\varnothing$

假设在情景一的社会网络 $G(V,E)$ 中存在两个意见领袖,如图 4.2 所示,其中 $V_{\mathrm{G}}^{\mathrm{leader}}=\{v_5,v_6\}$ 且 $V_{\mathrm{G}}^{\mathrm{follower}}=\{V_1,V_2,V_3,V_4\}$。在图 4.2 中,黑色的圆表示意见领袖,白色的圆表示随众。

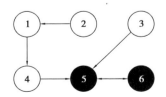

图 4.2　情景一中的社会网络 $G(V,E)$ 示意图

在情景一中主要讨论 3 个案例。案例 A：对任意个体 $v_i,v_j \in V$ 存在 $\varepsilon_{ij}(t)=0(i,j\in\{1,2,3,4,5,6\},i\neq j,t=0,1,2,\cdots)$；案例 B：对任意个体 $v_i,v_j \in V$ 存在 $\varepsilon_{ij}(0)=0.8(i,j\in\{1,2,3,4,5,6\},i\neq j)$ 且 $\mu=0.9$；案例 C：对任意个体 $v_i$，$v_j \in V$ 存在 $\varepsilon_{ij}(t)=0.8(i,j\in\{1,2,3,4,5,6\},i\neq j,t=0,1,2\cdots)$ 且 $\mu=1$。

情形 A：在情景一的社会网络 $G(V,E)$ 中，假设对任意个体 $v_i,v_j \in V$ 存在 $\varepsilon_{ij}(t)=0(i,j\in\{1,2,3,4,5,6\},i\neq j,t=0,1,2,\cdots)$，那么偏好与行动交互演化的结果如图 4.3 所示。

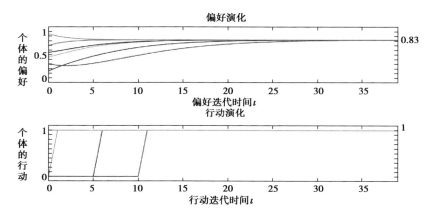

图 4.3　情景一 情形 A 中的偏好与行动交互演化结果

在情形 A 中，所有的个体都是稳定个体，即 $V=\overline{V}=\{v_1,v_2,v_3,v_4,v_5,v_6\}$。社会网络 $G(V,E)$ 中的共识偏好 $c=c_1=c_2=c_3=c_4=c_5=c_6=0.83$，所有个体一致的行动 $y_1(t)=y_2(t)=y_3(t)=y_4(t)=y_5(t)=y_6(t)=1(t>10)$。特别地，情景一中情形 A 的实验结果满足命题 1 所提出来的偏好与行动交互演化规律。

情形 B：在情景一的社会网络 $G(V,E)$ 中，假设对任意个体 $v_i,v_j \in V$ 存在 $\varepsilon_{ij}(0)=0.8(i,j\in\{1,2,3,4,5,6\},i\neq j)$ 且 $\mu=0.9$，那么偏好与行动交互演化的结果如图 4.4 所示。

在情形 B 中，所有的个体都是稳定个体，即 $V=\overline{V}=\{v_1,v_2,v_3,v_4,v_5,v_6\}$。社会网络 $G(V,E)$ 中的共识偏好 $c=c_1=c_2=c_3=c_4=c_5=c_6=0.68$，所有个体一致的行动 $y_1(t)=y_2(t)=y_3(t)=y_4(t)=y_5(t)=y_6(t)=1(t>7)$。特别地，情景一中情

形 B 的实验结果满足命题 2 所提出来的偏好与行动交互演化规律。

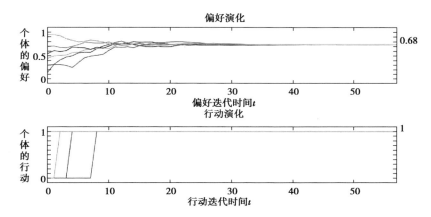

图 4.4　情景一 情形 B 中的偏好与行动交互演化结果

情形 C：在情景一的社会网络 $G(V,E)$ 中，假设对任意个体 $v_i,v_j \in V$ 存在 $\varepsilon_{ij}(t) = 0.8(i,j \in \{1,2,3,4,5,6\}, i \neq j, t = 0,1,2,\cdots)$ 且 $\mu = 1$，那么偏好与行动交互演化的结果如图 4.5 所示。

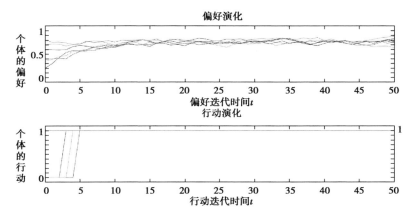

图 4.5　情景一情形 C 中的偏好与行动交互演化结果

在情形 C 中，所有的个体都是波动个体，即 $V = \widetilde{V} = \{v_1,v_2,v_3,v_4,v_5,v_6\}$。社会网络 $G(V,E)$ 中的所有个体无法形成共识，偏好也始终没办法保持不变。此外，个体的行动 $y_1(t) = y_2(t) = y_3(t) = y_4(t) = y_5(t) = y_6(t) = 1(t>9)$。特别地，情

景一中情形 C 的实验结果满足命题 3 所提出来的偏好与行动交互演化规律。

情景一中的情形 A,情形 B,情形 C 的实验结果均满足命题 1,命题 2,命题 3。且当群体中存在意见领袖时,情形 A 和情形 B 中的个体均能够达成共识,表现出一致的行动,而情形 C 中的个体无法达成共识。为提升实验结果的可读性,情景一社会网络中的个体稳定状态、偏好以及行动如表 4.1 所示。

表 4.1　情景一 社会网络中的个体偏好与行动交互演化结果

| 案例 | $V_{\mathrm{G}}^{\mathrm{leader}}$ | $\overline{V}$ | $\widetilde{V}$ | 共识偏好 | 一致行动 |
|---|---|---|---|---|---|
| 情形 A | $V_{\mathrm{G}}^{\mathrm{leader}} \neq \varnothing$ | $V$ | $\varnothing$ | 0.83 | 1 |
| 情形 B | $V_{\mathrm{G}}^{\mathrm{leader}} \neq \varnothing$ | $V$ | $\varnothing$ | 0.68 | 1 |
| 情形 C | $V_{\mathrm{G}}^{\mathrm{leader}} \neq \varnothing$ | $\varnothing$ | $V$ | —— | 1 |

## 4.3.2　情景二: $V_{\mathrm{G}}^{\mathrm{leader}} = \varnothing$

假设在情景二的社会网络 $G(V,E)$ 中不存在意见领袖,如图 4.6 所示。在图 5.5 中,黑色的圆表示子网中的意见领袖,白色的圆表示子网中的随众。

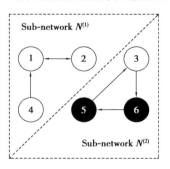

图 4.6　情景二中的社会网络 $G(V,E)$ 示意图

基于网络划分算法[13],可将社会网络 $G(V,E)$ 划分为两个子网,即 $M = \{G^{(1)}(V^{(1)},E^{(1)}),G^{(2)}(V^{(2)},E^{(2)})\}$,其中 $V^{(1)} = \{v_1,v_2,v_4\}$, $V^{(2)} = \{v_3,v_5,v_6\}$,设 $v_1 = v_1^{(1)}, v_2 = v_2^{(1)}, v_3 = v_1^{(2)}, v_4 = v_3^{(1)}, v_5 = v_2^{(2)}, v_6 = v_3^{(2)}$。此外, $V_{\mathrm{G}^{(1)}}^{\mathrm{leader}} = \{v_1,v_2\} = \{v_1^{(1)}, v_2^{(1)}\}, V_{\mathrm{G}^{(1)}}^{\mathrm{follower}} = \{v_4\} = \{v_3^{(1)}\}, V_{\mathrm{G}^{(2)}}^{\mathrm{leader}} = \{v_3,v_5,v_6\} = \{v_1^{(2)}, v_2^{(2)}, v_3^{(2)}\}$ 且 $V_{\mathrm{G}^{(2)}}^{\mathrm{follower}} \neq \varnothing$。

与情景一相似,在情景二中同样会调查 3 个案例。情形 A:对任意子网 $G^{(k)}$ $(V^{(k)},E^{(k)})$ 中的个体 $v_p^{(k)}$, $v_q^{(k)} \in V^{(k)}$ 存在 $\varepsilon_{pq}^{(k)}(t) = 0(p,q \in \{1,2,3\}, p \neq q, k = 1,$ $2, t = 0, 1, 2, \cdots)$;情形 B:对任意子网 $G^{(k)}(V^{(k)}, E^{(k)})$ 中的个体 $v_p^{(k)}$, $v_q^{(k)} \in V^{(k)}$ 存在 $\varepsilon_{pq}^{(k)}(0) = 0.8, (p,q \in \{1,2,3\}, p \neq q, k = 1, 2, t = 0, 1, 2, \cdots)$ 且 $\mu = 0.9$;情形 C: 对任意子网 $G^{(k)}(V^{(k)}, E^{(k)})$ 中的个体 $v_p^{(k)}$, $v_q^{(k)} \in V^{(k)}$ 存在 $\varepsilon_{pq}^{(k)}(t) = 0.8$ $(p,q \in \{1,2,3\}, p \neq q, k = 1, 2, t = 0, 1, 2, \cdots)$ 且 $\mu = 1$。

情形 A:在情景二的社会网络 $G(V,E)$ 中,假设对任意个体 $v_p^{(k)}$, $v_q^{(k)} \in V^{(k)}$ 存在 $\varepsilon_{pq}^{(k)}(t) = 0(p,q \in \{1,2,3\}, p \neq q, k = 1, 2, t = 0, 1, 2, \cdots)$,那么偏好与行动交互演化的结果如图 4.7 所示。

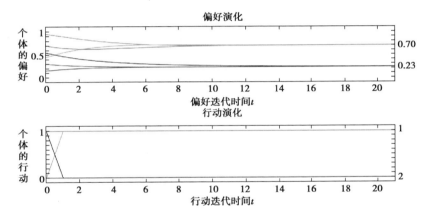

图 4.7　情景二 情形 A 中的偏好与行动交互演化结果

在情景二的情形 A 中,所有个体都是稳定个体,即 $V = V^{(1)} \cup V^{(2)} = \overline{V} = \{v_1,$ $v_2, v_3, v_4, v_5, v_6\}$。子网的共识偏好 $c^{(1)} = c_1^{(1)} = c_2^{(1)} = c_3^{(1)} = 0.23$, $c^{(2)} = c_1^{(2)} = c_2^{(2)} =$ $c_3^{(2)} = 0.70$。子网中个体的行动 $y_1^{(1)}(t) = y_2^{(1)}(t) = y_3^{(1)}(t) = 0, t > 0, y_1^{(2)}(t) =$ $y_2^{(2)}(t) = y_3^{(2)}(t) = 1, t > 0$。显然,在情景二的社会网络 $G(V,E)$ 中个体无法形成 共识,且情形 A 中的偏好演化相对平稳。情景二的情形 A 满足命题 4 和命 题 7。

情形 B 在情景二的社会网络 $G(V,E)$ 中,假设对任意个体 $v_p^{(k)}$, $v_q^{(k)} \in V^{(k)}$ 存 在 $\varepsilon_{pq}^{(k)}(0) = 0.8, (p,q \in \{1,2,3\}, p \neq q, k = 1, 2, t = 0, 1, 2, \cdots)$ 且 $\mu = 0.9$,那么偏

好与行动交互演化的结果如图 4.8 所示。

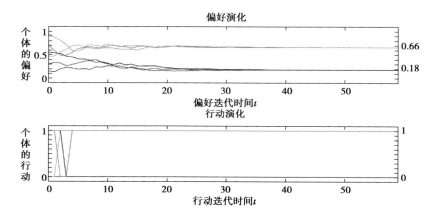

图 4.8　情景二 情形 B 中的偏好与行动交互演化结果

在情景二的情形 B 中,所有个体都是稳定个体,即 $V=V^{(1)} \cup V^{(2)} = \overline{V} = \{v_1,$ $v_2, v_3, v_4, v_5, v_6\}$。子网的共识偏好 $c^{(1)} = c_1^{(1)} = c_2^{(1)} = c_3^{(1)} = 0.18$,$c^{(2)} = c_1^{(2)} = c_2^{(2)} = c_3^{(2)} = 0.66$。子网中个体的行动 $y_1^{(1)}(t) = y_2^{(1)}(t) = y_3^{(1)}(t) = 0, t>3, y_1^{(1)}(t) = y_2^{(1)}(t) = y_3^{(1)}(t) = 1, t>4$。显然,在情景二的社会网络 $G(V, E)$ 中个体无法形成共识,且情形 B 中的偏好演化相对不稳定。情景二的情形 B 满足命题 5 和命题 7。

情形 C　在情景二的社会网络 $G(V, E)$ 中,假设对任意个体 $v_p^{(k)}, v_q^{(k)} \in V^{(k)}$,存在 $\varepsilon_{pq}^{(k)}(t) = 0.8 (p, q \in \{1, 2, 3\}, p \neq q, k=1, 2, t=0, 1, 2, \cdots)$ 且 $\mu = 1$,那么偏好与行动交互演化的结果如图 4.9 所示。

在情景二的情形 B 中,所有个体都是波动个体,即 $V = V^{(1)} \cup V^{(2)} = \widetilde{V} = \{v_1,$ $v_2, v_3, v_4, v_5, v_6\}$。子网的个体的偏好始终无法保持不变。子网中个体的行动 $y_1^{(1)}(t) = y_2^{(1)}(t) = y_3^{(1)}(t) = 0, t>2, y_1^{(2)}(t) = y_2^{(2)}(t) = y_3^{(2)}(t) = 1, t>1$。显然,在情景二的社会网络 $G(V, E)$ 中个体无法形成共识,且情形 C 满足命题 6 和命题 7。

情景二中的情形 A,情形 B,情形 C 均满足命题 4 至命题 7。并且当社会网络中不存在意见领袖时,情形 A,情形 B,情形 C 中的个体均无法达成共识,但在情形 A 和情形 B 中,各子网内部达成了共识和一致的行动。为提高实验结果可读性,情景二社会网络中的个体稳定状态、偏好以及行动见表 4.2。

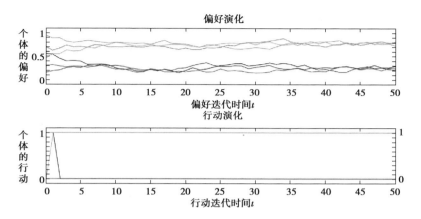

图 4.9　情景二 情形 C 中的偏好与行动交互演化结果

表 4.2　情景二社会网络中的个体偏好与行动交互演化结果

| 案例 | $V_{\mathrm{G}}^{\mathrm{leader}}$ | 子网 | 稳定状态 | 共识偏好 | 一致行动 |
|---|---|---|---|---|---|
| 情形 A | $V_{\mathrm{G}}^{\mathrm{leader}} \neq \varnothing$ | $G^{(1)}(V^{(1)}, E^{(1)})$ | 稳定 | 0.23 | 0 |
| | | $G^{(2)}(V^{(2)}, E^{(2)})$ | | 0.70 | 1 |
| 情形 B | $V_{\mathrm{G}}^{\mathrm{leader}} \neq \varnothing$ | $G^{(1)}(V^{(1)}, E^{(1)})$ | 稳定 | 0.11 | 0 |
| | | $G^{(2)}(V^{(2)}, E^{(2)})$ | | 0.68 | 1 |
| 情形 C | $V_{\mathrm{G}}^{\mathrm{leader}} \neq \varnothing$ | $G^{(1)}(V^{(1)}, E^{(1)})$ | 振荡 | —— | 0 |
| | | $G^{(2)}(V^{(2)}, E^{(2)})$ | 振荡 | —— | 1 |

# 4.4　本章小结

（1）当社会网络中存在意见领袖时,若个体对彼此的估计偏好都是准确的,那么在偏好与行动交互演化的最后阶段,所有个体都是稳定个体,并且群体能够形成一个共识偏好和一致的行动,共识偏好可以通过社会网络中意见领袖的初始偏好的线性组合来确定。当社会网络中不存在意见领袖时,若个体对彼此的估计偏好都是准确的,那么在偏好与行动交互演化的最后阶段,所有子网个体都是稳定个体,并且群体能够在子网中形成一个共识偏好和一致的行动,共识偏好可以通过子网中意见领袖的初始偏好的线性组合来确定。(见命题 1 和命题 4)

(2)当社会网络中存在意见领袖时,若偏好估计误差半径的收敛系数不为 1,则所有个体在偏好与行动的交互演化最后阶段都是稳定个体,群体能够形成一个共识和一致的行动。当个体间偏好估计误差半径收敛为 0 时,共识偏好由此时意见领袖的偏好所决定。当社会网络中不存在意见领袖时,若偏好估计误差半径的收敛系数不为 1,则子网中所有个体在偏好与行动的交互演化最后阶段都是稳定个体,子网中的群体能够在子网中形成一个共识和一致的行动。当子网个体间偏好估计误差半径收敛为 0 时,共识偏好由此时子网中意见领袖的偏好所决定。(见命题 2 和命题 5)

(3)在社会网络中,无论意见领袖是否存在,若所有个体都无法准确估计出其他个体的真实偏好,则所有个体都是波动个体。(见命题 3、命题 6 和命题 7)

在舆情管理工作中,管理者可以通过对于意见领袖的定义,分析社会网络中的各个节点,分辨出该网络中是否存在意见领袖。若存在意见领袖,管理者可以对意见领袖的偏好和行动加以引导,并让意见领袖去影响网络中的其他个体,当群体偏好和行动经过不断演化后,能够达到管理者的预期。若社会网络中不存在意见领袖,存在两种方式对社会网络中各个个体的偏好和行动加以引导。第 1 种方式是通过网络划分算法[13]将社会网络划分成不同的子网,通过引导各子网中意见领袖的偏好和行动来使得所有子网中的个体在偏好和行动演化的最终阶段,达到管理者的预期。第 2 种方式是让不同子网中的意见领袖产生信任关系,从而在整个社会网络中创造意见领袖,再对社会网络意见领袖的偏好和行动加以引导。同时,为了进一步说明并展示理论分析中的各个命题,本章对应各命题条件分别进行了相应的算例仿真,通过图表的形式展现了个体的偏好和行动演化情况。通过算例仿真可以更加清晰地了解到群体中达成共识的时间和形成一致行动所需的时间。对于舆情管理工作来说,这能够对舆情危机的发生进行预判,为实现精准管控提供实验参考。

# 5 基于边界信任的社会网络下不确定
# 舆情与离散行动演化分析

在现实社会中往往存在这样一种情形:针对某一事件或问题,每个个体都有一个连续意见和离散行动[36-40]。个体的意见是内在的,其他个体是看不见的,但是个体能够通过与其进行交流来获得其他个体的意见;而行动是外在的,所有其他个体都能看得见。人与人之间的交流在一个社会网络上,只有有网络连接的个体之间才能够进行交流,从而获得其他个体的意见,并以此更新他们自身的意见;若网络上的个体之间没有连接,那么他们则无法获得其他个体的意见,这就使得意见具有一定的不确定性,但是他们可以通过观察其他个体的行动,来更新他们自身的意见。因此本章将调查社会网络下不确定舆情与离散行动的演化,其中个体通过网络中有连接的其他个体的意见或没有连接的其他个体的行动,来更新个体自身的意见,并根据更新的自身的意见来更新自身的行动。本章内容主要分为以下3个部分:(1)社会网络不确定舆情与离散行动演化建模;(2)社会网络不确定舆情与离散行动演化实验仿真分析;(3)本章小结。

## 5.1 社会网络不确定舆情与离散行动演化建模

受到边界信任模型[30,32]、连续意见离散行动(CODA)模型[36-40]和社会网络[13]的启发,本节提出了一个社会网络不确定舆情与离散行动(SNUODA)演化模型,来研究不确定舆情与离散行动的演化规律。在 SNUODA 模型中,每个个体每次只参照一个个体的意见或行动,在边界信任范围内更新自身的意见,模型的构建如下。

在一个有向的社会网络 $G(V,E)$ 中存在 $N$ 个个体,其中 $V=\{v_1,v_2,\cdots,v_N\}$ 表示网络上个体的集合,$\boldsymbol{E}=(e_{ij})_{N\times N}(i,j\in\{1,2,\cdots,N\}$ 且 $j\neq i)$ 表示个体间的有向边。在有向社会网络 $G(V,E)$ 中,如果存在有向边从个体 $v_i$ 到个体 $v_j(i,j\in\{1,2,\cdots,N\}$ 且 $j\neq i)$,那么 $e_{ij}=1$;否则 $e_{ij}=0$。

让 $X(t)=\{x_1(t),x_2(t),\cdots,x_N(t)\}$ 和 $Y(t)=\{y_1(t),y_2(t),\cdots,y_N(t)\}$ 分别表示有向社会网络 $G(V,E)$ 上,个体对某一问题或事件在 $t$ 时刻的意见和行动向量,其中 $x_i(t)\in[0,1]$ 且 $y_i(t)\in\{0,1\}(i=1,2,\cdots,N)$。对于任意的个体 $v_j(j=1,2,\cdots,N)$,意见与行动的函数关系可以用式(5.1)表示:

$$y_j(t)=\begin{cases}0, & x_j(t)\in[0,h_j)\\1, & x_j(t)\in[h_j,1]\end{cases}, \tag{5.1}$$

其中 $h_j(h_j\in(0,1))$ 表示个体 $v_j(j=1,2,\cdots,N)$ 的意见和行动阈值。$h_j$ 值越小,个体越冒进;反之,$h_j$ 值越大,个体越保守。

式(5.1)能够解释为,个体展现的离散行动是个体内部意见积累的结果。在现实社会中,我们会遇到很多的二项抉择,例如吃肯德基还是麦当劳,选安卓系统的手机还是苹果系统的手机,是还是否,支持还是反对,买还是不买等。当人们对"以房养老"这一政策发起讨论时,人们对这一政策的意见就形成了该政策的舆情。让 $y_j(t)=0$ 表示在 $t$ 时刻个体 $v_j(j=1,2,\cdots,N)$ 展现的行动为不支持,让 $y_j(t)=1$ 表示在 $t$ 时刻个体 $v_j(j=1,2,\cdots,N)$ 展现的行动为支持。若 $v_j$ 为风险偏好型个体,假设其意见和行动的阈值 $h_j=0.4$,在 $t$ 时刻 $v_j$ 对该政策的意见超过 0.4,即:$x_j(t)\geq0.4$,那么他或她将选择支持该政策;若 $v_j$ 为风险厌恶型个体,假设其意见和行动阈值为 $h_j=0.7$,那么在 $t$ 时刻 $v_j$ 对该政策的意见只有超过 0.7,即:$x_j(t)\geq0.7$ 时,个体 $v_j$ 才会选择支持该政策。

让 $\varepsilon_i$ 表示个体 $v_i$ 的边界信任。假设每个个体 $v_i(i=1,2,\cdots,N)$ 在一个有向

的社会网络 $G(V,E)$ 中每次只随机的选择一个个体 $v_j(j \neq i)$ 作为自身意见更新的参考对象。如果 $e_{ij}=1$，那么个体 $v_i$ 将通过网络连边与个体 $v_j$ 进行交流，从而获得个体 $v_j$ 在 $t$ 时刻的意见，然后基于边界信任 $\varepsilon_i$ 来更新个体 $v_i$ 自身在 $t+1$ 时刻的意见。如果 $e_{ij}=0$，那么个体 $v_i$ 将通过观察个体 $v_j$ 在 $t$ 时刻的行动，然后基于边界信任 $\varepsilon_i$ 来更新个体 $v_i$ 自身在 $t+1$ 时刻的意见。

个体 $v_i(i \in \{1,2,\cdots,N\}, i \neq j)$ 在 $t+1(t=0,1,2,\cdots)$ 时刻的意见更新规则如式（5.2）所示：

$$x_i(t+1)=\begin{cases} x_i(t), & e_{ij}=1 \text{ 且 } |x_i(t)-x_j(t)|>\varepsilon_i \\ x_i(t)+\alpha(x_j(t)-x_i(t)), & e_{ij}=1 \text{ 且 } |x_i(t)-x_j(t)|\leq\varepsilon_i \\ x_i(t), & e_{ij}=0 \text{ 且 } |x_i(t)-y_j(t)|>\varepsilon_i \\ x_i(t)+\alpha(y_j(t)-x_i(t)), & e_{ij}=0 \text{ 且 } |x_i(t)-y_j(t)|\leq\varepsilon_i \end{cases}, (5.2)$$

其中 $\alpha \in [0,0.5]$ 表示个体 $v_i$ 受个体 $v_j$ 影响的收敛系数。

个体 $v_i(i \in \{1,2,\cdots,n\}, i \neq j)$ 在 $t+1(t=0,1,2,\cdots)$ 时刻的行动，可根据式（5.2）中 $t+1(t=0,1,2\cdots)$ 时刻个体 $v_i$ 的意见，以及式（5.1）中意见与行动的函数关系进行确定。

与 DW 模型[29,31] 和 HK 模型[32] 类似，SNUODA 模型同样也是基于边界信任的理念对个体的意见进行反复平均[29-32]。SNUODA 模型可以视为 DW 模型的有趣的拓展。当社会网络是完全网络，且个体之间成对交互的时候，那么式（5.2）能够回归到经典的 DW 模型[29,31]。在 HK 模型中，每个个体一次与众多个体进行意见的交流，而在 SNUODA 模型中，每个个体一次只基于社会网络上的一个其他个体的意见或行动进行意见的更新。

SNUODA 模型能够应用于这种情形：社会网络群体中个体的意见不仅受朋友的意见的影响，同时也受到其他不是朋友的个体的行动的影响。例如，当我们讨论"以房养老"这一政策时，我们不仅会与有连边的朋友进行意见的交流，同时也会观察没有连边的其他个体对"以房养老"这一政策的离散行动，以此为基础来决定自身是否支持"以房养老"政策。

在现实生活中,由于不同的教育背景和性格特点等,人们是异质的,个体之间具有多样性,不同的参数往往用来刻画不同的个体。但是为了简化问题,在理论研究和实验仿真的过程中合理的假设是被允许的。在本章,假设所有的个体是同质的,所有个体具有相同的意见和行动阈值 $h$,边界信任 $\varepsilon$ 和收敛系数 $\alpha$。

# 5.2 社会网络不确定舆情与离散行动演化实验仿真分析

基于 SNUODA 模型,本小节利用实验仿真分析的方法,调查了社会网络不确定舆情与离散行动的演化中,社会网络结构、边界信任以及意见和行动阈值对不确定舆情与离散行动演化的影响。

## 5.2.1 社会网络结构对不确定舆情与离散行动演化的影响

在现实生活中,人们的意见往往会受到社会网络中其他个体的意见或行动的影响。以往的研究表明,社会网络结构对舆情的演化有着非常重大的影响,因此利用不同网络个体规模 $N$ 和网络连接概率 $p$ 的有向随机网络,来描述不同的随机网络结构,并调查了社会网络结构对不确定舆情与离散行动演化的影响。在仿真实验中,其他个体的选择为均匀随机选择,SNUODA 模型的参数如表 5.1 所示。

表 5.1　仿真实验中 SNUODA 模型的参数设定

| 参数 | 取值范围 |
| --- | --- |
| 有向随机网络上个体规模 | $N \in [100,500]$ |
| 有向随机网络的连接概率 | $p \in [0,1]$ |
| 边界信任 | $\varepsilon = 0.2$ |

续表

| 参数 | 取值范围 |
|------|---------|
| 意见和行动阈值 | $h=0.3$ |
| 收敛系数 | $\alpha=0.5$ |

通过观察研究我们发现,基于 SNUODA 模型,不确定舆情与离散行动在经历足够长时间的演化后($t=500$),舆情仍然不能形成一个稳定的状态,如图 5.1 所示。

图 5.1 是不确定舆情与离散行动演化的微观示意图,图 5.1(a)表示不确定舆情的演化,图 5.1(b)表示离散行动的演化,其中 $k=1$ 表示个体的行动为支持,$k=0$ 表示个体的行动为不支持。

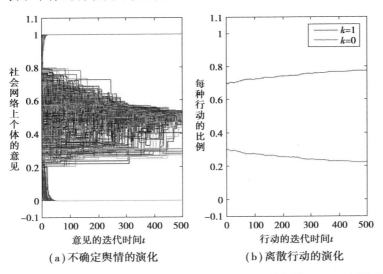

(a)不确定舆情的演化　　　　　(b)离散行动的演化

图 5.1　在初始时刻意见分布随机均匀的背景下,当网络个体规模 $N=500$,网络连接概率 $p=0.1$,边界信任 $\varepsilon=0.2$,意见和行动阈值 $h=0.3$,收敛系数 $\alpha=0.5$,迭代时间 $t=500$ 时, 不确定舆情与离散行动的演化微观示意图

为了刻画不确定舆情与离散行动的演化过程,考虑调查如下两个指标:在经历足够长时间的演化后,终止时刻每种行动的个体的最终比例,以及终止时刻每种行动的个体的总变化率。

让 $k \in \{0, 1\}$ 表示个体的行动,其中 $k=0$ 表示不支持,$k=1$ 表示支持。$N_k^t$ 表示在 $t(t=0, 1, 2, \cdots)$ 时刻展现行动为 $k$ 的个体的数目,那么在 $t$ 时刻展现行动为 $k$ 的个体的最终比例可以表示为:

$$p_k^t = \frac{N_k^t}{N};$$  (5.3)

从初始时刻到 $t$ 时刻展现行动为 $k$ 的个体的总变化率可以表示为:

$$\Delta p_k^t = p_k^t - p_k^0 。$$  (5.4)

在仿真实验中,初始时刻意见的分布为随机均匀分布,让意见和行动的阈值 $h=0.3$,边界信任 $\varepsilon=0.2$,收敛系数 $\alpha=0.5$,迭代时间 $t=500$。在独立重复 500 次后,社会网络 ER 随机有向图中不同网络个体规模 $N$ 和网络连接概率 $p$ 下的不确定舆情与离散行动演化结果如图 5.2 所示。

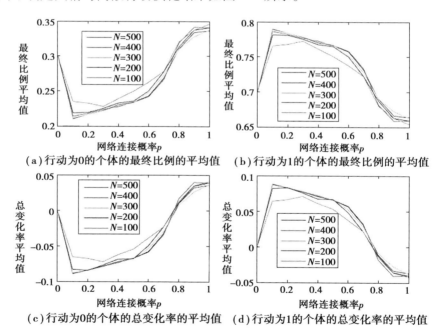

（a）行动为0的个体的最终比例的平均值　　（b）行动为1的个体的最终比例的平均值

（c）行动为0的个体的总变化率的平均值　　（d）行动为1的个体的总变化率的平均值

图 5.2　在初始时刻意见分布随机均匀的背景下,社会网络 ER 随机有向图中具有不同网络个体规模 $N$ 和网络连接概率 $p$ 下的不确定舆情与离散行动演化的结果:行动为不支持($k=0$)和行动为支持($k=1$)的个体的最终比例的平均值和总变化率的平均值,其中边界信任 $\varepsilon=0.2$,意见和行动阈值 $h=0.3$,收敛系数 $\alpha=0.5$,迭代时间 $t=500$ 时,独立重复 500 次

在图5.2中横坐标均表示 ER 随机有向图的网络连接概率 $p$，图5.2(a)的纵坐标表示行动为不支持($k=0$)的个体的最终比例的平均值；图5.2(b)的纵坐标表示行动为支持($k=1$)的个体的最终比例的平均值；图5.2(c)的纵坐标表示行动为不支持($k=0$)的个体的总变化率的平均值；图5.2(d)的纵坐标表示行动为支持($k=1$)的个体的总变化率的平均值。

由图5.2可得如下结论：随着 $p$ 增加，行动为不支持($k=0$)的个体的平均最终比例和平均总变化率均为先减少后增加，而行动为支持($k=1$)的个体的平均最终比例和平均总变化率则为先增加后减少。该结论表明：随着 ER 随机有向图中网络连接概率的增加，展现行动为不支持($k=0$)的个体先减少后增加，而展现行动为支持($k=1$)的个体变化趋势则相反。

该结论可解释为：在 $t$ 时刻，当个体 $v_i$ 随机选择个体 $v_j(i \neq j)$ 时，若网络连边 $e_{ij}=1$，那么个体 $v_i$ 可以通过交流获得 $v_j$ 在 $t$ 时刻的意见 $x_j(t)$，并以 $v_j$ 的意见 $x_j(t)$ 基于边界信任 $\varepsilon$ 来更新个体 $v_i$ 自身 $t+1$ 时刻的意见 $x_i(t+1)$；若 $e_{ij}=0$，那么个体 $v_i$ 只能观察个体 $v_j$ 的行动 $y_j(t)$，并以观察到的离散行动值作为意见值，再基于边界信任 $\varepsilon$ 进行意见更新。

在随机均匀选择其他个体的过程中，若行动为不支持($k=0$)的个体，只观察到行动为支持($k=1$)的个体的行动，而不能获得其意见。那么由于行动为不支持($k=0$)的个体的意见，与观察到的、展现行动为支持($k=1$)的其他个体的离散行动值的距离超过边界信任，即：$|1-x_i(t)| > \varepsilon = 0.2$，其中 $x_i(t) \in [0, 0.3)$，故在不确定舆情与离散行动的演化过程中，行动为不支持($k=0$)的个体的意见，不受观察到的行动为支持($k=1$)的个体的影响，此时行动为不支持($k=0$)的个体的意见保持不变。

同样地，行动为支持($k=1$)的个体的意见，与观察到的、展现行动为不支持($k=0$)的其他个体的离散行动值的距离，也超过边界信任，即：$|0-x_i(t)| > \varepsilon = 0.2$，其中 $x_i(t) \in [0.3, 1)$，故在不确定舆情与离散行动的演化过程中，行动为支持($k=1$)的个体的意见，也不受观察到的行动为不支持($k=0$)的个体的影响。

由于初始时刻网络上个体的意见是均匀随机分布的，意见和行动阈值

$h=0.3$，这意味着初始时刻展现行动为支持($k=1$)的个体的意见分布宽度和个体数量均大于行动为不支持($k=0$)的个体的意见分布宽度和个体数量，即 $h<1-h$ 和 $N_0^0<N_1^0$，故在仿真实验中随机均匀选择其他个体时，个体选择行动为支持($k=1$)的个体的概率，会大于选择行动为不支持($k=0$)的个体的概率。

（1）当网络连接概率 $p=0$ 时，网络上的个体之间没有意见的交流，个体只能通过参照其他个体的离散行动值，并基于边界信任 $\varepsilon$ 来更新自身的意见。由于边界信任的限制，行动为不支持($k=0$)的个体的意见，不受观察到的行动为支持($k=1$)的个体的影响，且行动为支持($k=1$)的个体的意见，在不确定舆情与离散行动的演化过程中，也不受观察到的行动为不支持($k=0$)的个体的影响。

若行动为不支持($k=0$)的个体，在不确定舆情与离散行动的演化过程中，观察到其他行动为不支持($k=0$)的个体，那么行动为不支持($k=0$)的个体，基于边界信任和其他个体的不支持($k=0$)这一离散行动值，来更新自身的意见，这对行动为不支持($k=0$)的个体的数量不产生影响。

故当网络连接概率 $p=0$ 时，在不确定舆情与离散行动演化的演化过程中，行动为不支持($k=0$)或支持($k=1$)的个体数量和比例均不发生变化，此时行动为不支持($k=0$)或行动为支持($k=1$)的个体的最终比例和总变化率，均保持不变，微观示意图如图 5.3（a）所示。

（2）当网络连接概率 $0<p\leqslant 1$ 时，网络上的个体之间出现了意见的交流。由于边界信任的限制，行动为不支持($k=0$)的个体的意见，不受观察到的行动为支持($k=1$)的个体的影响，且行动为支持($k=1$)的个体的意见在演化过程中也不受观察到的行动为不支持($k=0$)的个体的影响，此时在不确定舆情与离散行动的演化过程中，某一行动的数量或比例的变化主要受三方面的影响：一是不同行动的连边个体之间，基于边界信任进行意见的交流与更新；二是相同行动的连边个体之间，基于边界信任进行意见的交流与更新；三是相同行动没有连边的个体之间，参照观察到的离散行动值，基于边界信任进行意见更新。下面

分 3 种情形进行解释：

①当网络上的连边较少时，相同行动没有连边的个体之间，参照观察到的离散行动值，基于边界信任进行意见更新，这种意见的改变，在不确定舆情与离散行动的演化中占主导。

由于连边较少，个体意见的改变是基于大量观察到的离散行动值而做出的。而用离散行动值代替相对于连续的意见值，进行意见的更新，这将使得在边界信任范围内，信任离散行动值($k=0$)或($k=1$)的个体的意见，会分别逐渐向离散行动值($k=0$)或($k=1$)靠拢，从而形成极端意见类。

由于展现行动为不支持($k=0$)的个体的意见分布范围为$[0,h)$，又$|0-\varepsilon|=0.2<h=0.3$，故在不确定舆情与离散行动的演化过程中，基于边界信任，不被离散行动值($k=0$)吸引的、展现行动为不支持($k=0$)的个体的意见，在与其有连边的、行动为支持($k=1$)的个体的意见进行交流过程中发生改变。

又由于初始时刻行动为支持($k=1$)的个体的数量和意见分布宽度，分别大于行动为不支持($k=0$)的个体数量和意见分布宽度，故在随机选择其他个体的意见进行交流的舆情演化过程中，初始时刻行动为支持($k=1$)的个体，有更多的机会吸引行动为不支持($k=0$)的个体，从而改变他们的意见和行动，使得行动为不支持($k=0$)的个体的数量减少。最终使得在终止时刻，行动为不支持($k=0$)的个体的最终比例和总变化率均减小，而行动为支持($k=1$)的个体的最终比例和总变化率均增加，微观示意图如图 5.1 及图 5.3(b)、(c)所示。

简而言之，网络连接概率 $p$ 较小时，网络上的连边较少，初始时刻行动为不支持($k=0$)的个体的意见，在舆情演化过程中，受到观察到的离散行动值($k=0$)的强烈引导。由于边界信任值小于行动为不支持($k=0$)的个体的意见分布宽度值，从而导致行动为不支持($k=0$)的个体的意见没有完全向离散行动值($k=0$)靠拢聚类。而距离离散行动值($k=0$)超过边界信任的、部分初始时刻行动为不支持($k=0$)的个体的意见，在行动为支持($k=1$)的个体的意见的边界信任范围内，被行动为支持($k=1$)的个体所吸收，从而改变了行动，导致终止时刻行动为不支持($k=0$)的个体数减少,而行动为支持($k=1$)的个体数增加。

②随着网络连接概率 $p$ 的增加,网络上个体间的意见交流增加,离散行动值($k=0$)对行动为不支持($k=0$)的个体的意见的改变,其主导地位逐渐降低。当主导地位仍在时,行动为不支持($k=0$)的个体的意见仍向离散行动值($k=0$)靠拢;但随着网络连接逐渐增多,行动为支持($k=1$)的个体的意见,对在其边界信任范围内的行动为不支持($k=0$)的个体的意见的吸引力逐渐增强,使得终止时刻行动为不支持($k=0$)的个体数量逐渐降低,直到降低到最低值。

③随着网络连接概率 $p$ 的继续增加,离散行动值($k=0$)对行动为不支持($k=0$)的个体的意见的改变,逐渐不再起主导作用,故行动为不支持($k=0$)的个体的意见,受极端行动值($k=0$)的影响变小,而行动为不支持($k=0$)的个体之间,意见与意见的交流逐渐增多,更加抱团。行动为不支持($k=0$)的个体之间的意见吸引力,由小于行动为支持($k=1$)的个体的意见对行动为不支持($k=0$)的个体的意见的吸引力,逐渐转变为大于行动为支持($k=1$)的个体的意见对行动为不支持($k=0$)的个体的意见的吸引力。从而使得行动为不支持($k=0$)的个体的最终比例和总变化率又逐渐增加,而行动为支持($k=1$)的个体的最终比例和总变化率则逐渐减少。特别地,网络连接概率 $p=1$ 时,不确定舆情与离散行动演化的微观示意图如图5.3(d)和图5.4所示,出现了行动为不支持($k=0$)的个体的比例,甚至超过了其初始时刻的比例的情形,即行动为不支持($k=0$)的个体数目不仅没有减少,反而增加了。

故当边界信任 $\varepsilon=0.2$,意见和行动阈值 $h=0.3$,收敛系数 $\alpha=0.5$,迭代时间 $t=500$,独立重复500次时,随着网络连接概率的增加,行动为不支持($k=0$)的个体的平均最终比例和平均总变化率先减少后增加,而行动为支持($k=1$)的个体的平均最终比例和平均总变化率的变化趋势则正好相反。网络上个体的规模对不确定舆情和离散行动演化的影响不明显。

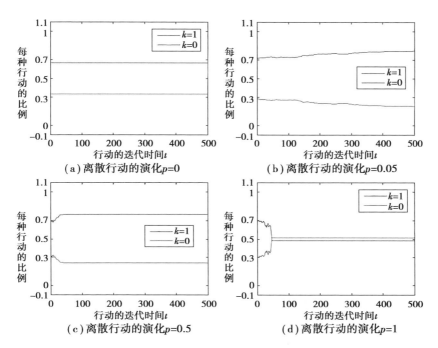

图 5.3　在初始时刻意见分布随机均匀的背景下,社会网络 ER 随机有向图中具有不同网络连接概率 $p(p=0,0.05,0.5,1)$ 下行动为不支持($k=0$)和行动为支持($k=1$)的个体比例的微观演化示意图,其中个体规模 $n=300$,边界信任 $\varepsilon=0.2$,意见和行动阈值 $h=0.3$,收敛系数 $\alpha=0.5$,迭代时间 $t=500$ 时,独立演化 1 次

需要注意的是,当边界信任变动时,不同的边界信任下,随着网络连接概率的增加,不同行动的个体的最终比例的平均值和总变化率的平均值的可能会发生变化。由于个体的边界信任值一般不是很大,经验证 $0.1<\varepsilon<0.25$ 时,随着网络连接的增多,行动为支持的个体的平均最终比例和平均总变化率先减少后增加,而行动为支持的个体的平均最终比例和平均总变化率的变化趋势则正好相反,这一变化趋势仍然成立。

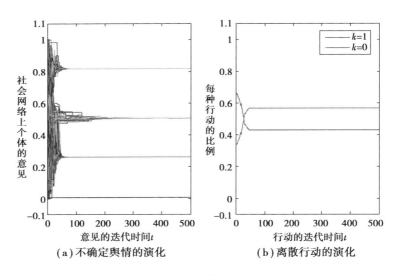

（a）不确定舆情的演化　　　　　（b）离散行动的演化

图 5.4　在初始时刻意见分布随机均匀的背景下，当网络个体规模 $n=500$，网络连接概率
$p=1$，边界信任 $\varepsilon=0.2$，意见和行动阈值 $h=0.3$，收敛系数 $\alpha=0.5$，迭代时间 $t=500$ 时，
不确定舆情与离散行动的演化微观图

## 5.2.2　边界信任与意见和行动阈值对不确定舆情与离散行动演化的影响

下面利用仿真实验调查了边界信任以及意见和行动阈值，对社会网络不确定舆情与离散行动演化规律的影响。

在仿真实验中，初始时刻意见的分布为均匀随机分布，让网络个体规模 $n=500$，网络连接概率 $p=0.1$，收敛系数 $\alpha=0.5$，迭代时间 $t=500$，在独立重复实验 500 次后，社会网络 ER 随机有向图中，在不同边界信任 $\varepsilon$ 及意见和行动阈值 $h$ 下，不同行动的最终比例的平均值如图 5.5 所示，不同行动的总变化率的平均值如图 5.8 所示。

1）边界信任与意见和行动阈值下每种行动的个体的最终比例

图 5.5 表示不同边界信任以及意见和行动阈值下每种行动的个体的最终比例，其中横坐标均表示意见和行动阈值 $h$，纵坐标表示边界信任 $\varepsilon$。图 5.5（a）

表示行动为不支持（$k=0$）的个体的最终比例的平均值；图 5.5（b）表示行动为支持（$k=1$）的个体的最终比例的平均值。

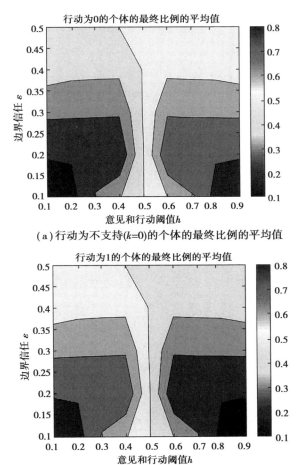

（a）行动为不支持（$k=0$）的个体的最终比例的平均值

（b）行动为支持（$k=1$）的个体的最终比例的平均值

图 5.5　不同行动的最终比例的平均值（在初始时刻意见分布随机均匀的背景下，社会网络 ER 随机向图中具有不同边界信任 $\varepsilon$ 和意见和行动阈值 $h$ 下的不确定舆情与离散行动演化的结果：行动为不支持（$k=0$）和行动为支持（$k=1$）的个体最终比例的平均值，其中网络个体规模 $n=500$，网络连接概率 $p=0.1$，收敛系数 $\alpha=0.5$，迭代时间 $t=500$ 时，独立重复 500 次）

由图 5.5 可得出下述结论：

（1）随着 $h$ 的增加，行动为不支持（$k=0$）的个体的最终比例的平均值逐渐增加,而行动为支持($k=1$)的个体的最终比例的平均值逐渐减小。该观察表明:随着意见和行动阈值的增加,个体由非常冒进慢慢趋向于越来越保守,从而使得展现行动为不支持的个体逐渐增多,而展现行动为支持的个体则逐渐减小。

该观察可解释为:由于初始时刻意见的分布为随机均匀分布,随着意见和行动阈值的增加,初始时刻展现行动为不支持($k=0$)的个体的比例逐渐增加,而行动为支持($k=1$)的个体的比例逐渐减小,从而使得在终止时刻行动为不支持($k=0$)的个体的比例增加,而行动为支持($k=1$)的个体的比例变小。

(2)随着 $\varepsilon$ 的增加:

①当意见和行动阈值 $h<0.28$ 时,行动为不支持($k=0$)的个体的最终比例的平均值逐渐增加,而行动为支持($k=1$)的个体的最终比例的平均值逐渐减小;

②当意见和行动阈值 $0.72<h<0.9$ 时,行动为不支持($k=0$)的个体的最终比例的平均值逐渐减小,而行动为支持($k=1$)的个体的最终比例的平均值则逐渐增加。

该结论表明:当意见和行动阈值非常小时,个体非常冒进,随着边界信任的增加,展现行动为不支持的个体的平均最终比例逐渐增加,而展现行动为支持的个体的平均最终比例则逐渐减小;反之,当意见和行动阈值非常大时,个体非常保守,随着边界信任的增加,变化趋势正好相反。

该观察可解释为:

由于网络连接概率的数值较小,个体间的网络连接较为稀疏,在不确定舆情与离散行动演化的过程中,个体的意见更新是以观察其他个体的离散行动值占主导,而不是获取其他个体的意见。故舆情演化中意见的更新在边界信任范围内受离散行动值的影响非常强烈。当意见和行动阈值非常小时,个体表现得非常冒进,其意见超过一个非常小的阈值时,就会选择行动支持。由于初始时刻意见的分布为随机均匀分布,故初始时刻展现行动为支持的比例较高,在随机选择其他个体的过程中，观察到行动为支持($k=1$)的概率较大。

当边界信任较小时，由于$|0-\varepsilon|<h$，存在展现行动为不支持($k=0$)的个体的初始意见，在离散行动值$k=0$的边界信任范围之外。在不确定舆情与离散行动的演化过程中，初始时刻展现行动为不支持($k=0$)的个体的意见，被展现行动为支持($k=1$)的个体所吸引，行动为不支持($k=0$)的个体的意见，没有完全向离散行动值不支持($k=0$)靠拢聚类，如图5.6所示。

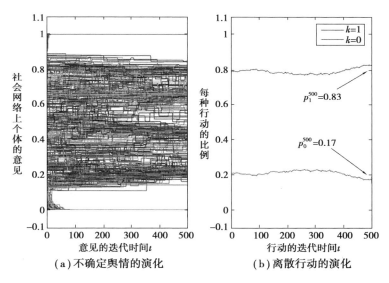

（a）不确定舆情的演化　　（b）离散行动的演化

图5.6　不确定舆情与离散行动演化示意图（初始时刻意见随机均匀分布，边界信任 $\varepsilon=0.1$ 和意见和行动阈值 $h=0.2$，网络个体规模 $n=500$，网络连接概率 $p=0.1$，收敛系数 $\alpha=0.5$，迭代时间 $t=500$）

随着边界信任的增加，在不确定舆情与离散行动的演化过程中，初始时刻展现行动为不支持($k=0$)的个体，慢慢地由被初始时刻展现行动为支持($k=1$)的个体所吸引，逐渐转变为吸引了一些初始时刻展现行动为支持($k=1$)的个体改变他们的行动，如图5.7所示。

故随着边界信任的增加，当意见和行动阈值非常小时，行动为不支持的个体的最终比例的平均值逐渐增加，而行动为支持的个体的最终比例的平均值逐渐减小；由对称性可知，反之，当意见和行动阈值非常大时，随着边界信任的增加,变化趋势正好相反。

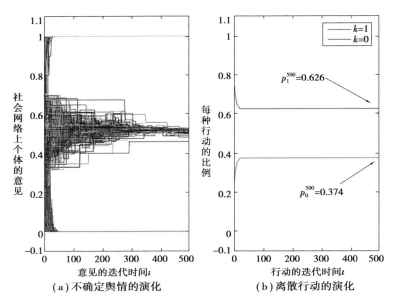

（a）不确定舆情的演化　　　　（b）离散行动的演化

图 5.7　不确定舆情与离散行动演化示意图（初始时刻意见随机均匀分布,边界信任 $\varepsilon=0.3$ 和意见和行动阈值 $h=0.2$,网络个体规模 $n=500$,网络连接概率 $p=0.1$,收敛系数 $\alpha=0.5$, 迭代时间 $s=500$）

图 5.6 和图 5.7 分别展示的是边界信任为 $\varepsilon=0.1$ 和 $\varepsilon=0.3$ 下的不确定舆情与离散行动的演化示意图,其中网络连接概率 $p=0.1$,网络个体规模 $n=500$, 收敛系数 $\alpha=0.5$,意见和行动阈值为 $h=0.2$,迭代时间 $t=500$。在图 5.6 中,行动为不支持($k=0$)的个体被行动为支持($k=1$)的个体所吸引,使得其最终比例小于初始时刻个体比例。而在图 5.7 中,行动为不支持($k=0$)的个体反而吸引了行动为支持($k=1$)的个体,使得其最终比例大于初始时刻个体比例。

2）边界信任与意见和行动阈值下每种行动的个体的总变化率

图 5.8 表示不同边界信任以及意见和行动阈值下每种行动的个体的总变化率,其中横坐标均表示意见和行动阈值 $h$,纵坐标表示边界信任 $\varepsilon$。图 5.8(a) 表示行动为不支持($k=0$)的个体的总变化率的平均值;图 5.8(b) 表示行动为支持 ($k=1$)的个体的总变化率的平均值。

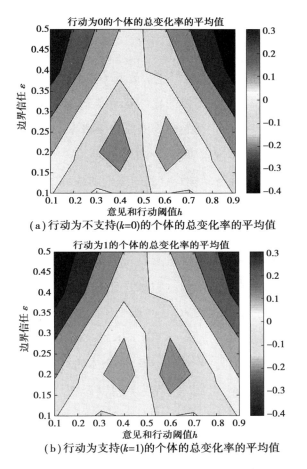

（a）行动为不支持（$k=0$）的个体的总变化率的平均值

（b）行动为支持（$k=1$）的个体的总变化率的平均值

图5.8　不同行动的总变化率的平均值（在初始时刻意见分布随机均匀的背景下，社会网络 ER 随机向图中具有不同边界信任 $\varepsilon$ 和意见和行动阈值 $h$ 下的不确定舆情与离散行动演化的结果：行动为不支持（$k=0$）和行动为支持（$k=1$）的个体的总变化率的平均值，其中网络个体规模 $n=500$，网络连接概率 $p=0.1$，收敛系数 $\alpha=0.5$，迭代时间 $t=500$ 时，独立重复 500 次）

由图 5.8 可得出下述结论：

（1）随着 $h$ 的增加，当 $0.38<\varepsilon<0.5$ 时，行动为不支持（$k=0$）的个体的总变化率一直减少，而行动为支持（$k=1$）的个体的总变化率则正好相反。该观察表明：当边界信任非常大时，随着意见和行动阈值 $h$ 的增加，个体越保守，行动为不支持的个体的总变化率逐渐减小，而行动为支持的个体的总变化率逐渐

增加。

该结论可解释为：

由于初始时刻意见为随机均匀分布，故随着意见和行动阈值 $h$ 的增加，初始时刻行动为不支持（$k=0$）的个体的比例逐渐增大，而行动为支持（$k=1$）的个体的比例则逐渐减小。又由于初始时刻网络连接概率较小，在不确定舆情与离散行动的演化过程中，个体观察到其他个体的行动占主导，而某一行动的个体的意见分布宽度越宽，该种行动被观察到的概率则越大。

当边界信任非常大而意见和行动阈值较小时，在不确定舆情与离散行动的演化过程中，初始时刻行动为支持（$k=1$）的个体的意见，逐渐被其观察到的初始时刻行动为不支持（$k=0$）的个体的行动所引导，从而在终止时刻变为展现行动为不支持（$k=0$）的个体。意见和行动阈值越小，那么行动转变为不支持（$k=0$）的个体越多，此时行动为不支持（$k=0$）的个体的总变化率越大。当意见和行动阈值逐渐增大，转变为不支持（$k=0$）的个体越来越少，其总变化率也越来越小。逐渐地，初始时刻行动为不支持（$k=0$）的个体的意见也反过来被行动为支持（$k=1$）的个体的行动所吸引，以至行动为支持（$k=1$）的个体从减少逐渐变为增加。故当边界信任非常大时，随着意见和行动阈值的增加，行动为不支持的个体的总变化率逐渐减小，而行动为支持的个体的总变化率逐渐增加。

（2）随着边界信任 $\varepsilon$ 的增加，当 $h<0.28$ 时，行动为不支持（$k=0$）的个体的总变化率一直增加，而当 $0.72<h$ 时，行动为不支持（$k=0$）的个体的总变化率则一直减少。行动为支持（$k=1$）的个体的总变化率与行动为不支持（$k=0$）的个体的总变化率正好相反。该观察表明：当意见和行动阈值非常小，个体比较冒进时，较大的边界信任反而会使得越多初始时刻展现行动为支持的个体改变其行动，在终止时刻展现行动为不支持。反之，当意见和行动阈值非常大，个体比较保守时，越大的边界信任使得更多初始时刻展现行动为不支持的个体转变其行动，变为支持。其解释与图 5.5 中最终比例的解释相同。

## 5.3　本章小结

在现实的网络舆情中,舆情的产生大多由线下问题延伸到线上网络,民众的意见开始在社会网络上进行演化,从而形成网络舆情。同时,线上的舆情又反过来影响着线下民众的行动,由此产生线上的网络舆情与线下行为联动的舆情事件。在舆情的演化过程中,每个个体都有一个连续意见和离散行动。人与人之间的交流在一个社会网络上,只有有网络连边的个体之间才能够进行意见的交流,从而获得其他个体的意见来更新他们自身的意见;若网络上的个体之间没有连接,那么他们将无法获得其他个体的意见,但是他们可以通过观察其他个体的行动来更新他们自身的意见。基于边界信任,本章调查了社会网络下不确定舆情与离散行动的演化。研究结果表明:

(1)若网络没有连接,且个体的边界信任值始终小于两种行动的意见分布宽度的最小值,那么终止时刻每种行动的个体的最终比例的平均值与初始时刻保持不变,每种行动的个体的总变化率的平均值为零。社会网络连接较少时,离散行动值对在边界信任范围内信任离散行动值的个体的意见和行动的演化有着非常强烈的引导作用,从而产生更多的极端意见。边界信任较小时,随着网络连接概率的增加,行动为不支持的个体的平均最终比例和平均总变化率先减少后增加,而行动为支持的个体的平均最终比例和平均总变化率的变化趋势则正好相反。

(2)网络上个体的规模对不确定舆情和离散行动演化的影响不明显。

(3)随着意见和行动阈值的增加,个体由非常冒进慢慢趋向于越来越保守,从而使得展现行动为不支持的个体逐渐增多,而展现行动为支持的个体则逐渐减小。当边界信任非常大时,随着意见和行动阈值的增加,行动为不支持的个体的总变化率逐渐减小,而行动为支持的个体的总变化率逐渐增加。

(4)当意见和行动阈值非常小,个体比较冒进时,较大的边界信任反而会使得越多初始时刻展现行动为支持的个体改变其行动,在终止时刻展现行动为不支持。反之,当意见和行动阈值非常大,个体比较保守时,越大的边界信任使得更多初始时刻展现行动为不支持的个体转变其行动,在终止时刻展现行动为支持。

# 6 结论与展望

本章总结了全文的主要工作和创新性研究成果,并对进一步研究网络舆情指明了方向。

## 6.1 主要工作和创新性研究成果

在网络科学、大数据、云计算和人工智能等科技的引领下,移动互联时代全面开启,推动着以"互联网+"为背景的网络社会蓬勃发展。社会网络平台成了网络舆情传播的主要媒介,自媒体"爆料"越来越自由、开放和多元,成为网络热点舆情事件的主要来源。一方面,网络舆情成为各级政府了解民意诉求,回应民众关切,为民众排忧解难的新平台;另一方面,网民素质参差不齐,层出不穷的网络谣言、网络诚信、网络暴力等问题,使得舆论倒逼、舆论绑架等失范现象频出,严重影响着政府形象,降低政府公信力,威胁政府的执政能力,给国家安全构成严重挑战。面对错综复杂的网络环境和严峻的舆论压力,深入分析网络舆情表达的特点以及网络结构对舆情演化的影响,系统地研究社会网络舆情演化及其发展规律,对积极有效地管理网络舆情具有非常重要的借鉴意义。

本书首先分析了我国网络舆情的特点,并详细地综述了国内外舆情研究的现状和不足。针对以往研究的不足,本书利用舆情动力学模型对社会网络下的不确定舆情演化进行了建模,并利用理论分析和实验仿真分析的方式进行了深入调查和研究。主要研究工作如下。

（1）建立了社会网络不确定 DeGroot 舆情演化模型[199]。首先,理论分析了不确定舆情的稳定状态与共识状态,并利用识别算法找出了舆情中意见最终会形成稳定状态的稳定个体,以及意见始终不能够形成稳定状态的波动个体。其次,研究了所有稳定个体最终达成共识的条件,并对波动个体的意见波动范围进行了估计。最后,通过数值算例和结果分析阐明了理论分析的可行性和有效性。

（2）调查了社会网络结构对不确定 HK 舆情演化模型的影响[66,67]。利用不同群体规模和网络连接概率的 ER 无向随机网络定义了不同的社会网络结构,并通过详细的仿真实验,调查了不同随机网络结构（群体的规模和网络连接概率）对不确定舆情演化的影响。同时,通过理论分析和数值算例分析,还研究了 SNUHK 模型中每个时刻个体表达不确定意见比例和每个时刻不确定意见平均宽度的演化规律。此外,利用仿真实验分析还调查了不确定舆情演化中,在相同网络规模和网络平均度下,ER 随机网络、WS 小世界网络和 BA 无标度网络这 3 种不同网络结构,对稳定时刻不确定意见比例和不确定意见平均宽度的影响。

（3）深入分析了基于意见领袖的偏好与行动交互演化机制[197]。建立个体偏好和行动之间的关联函数,构建基于意见领袖的偏好和行动交互演化模型,对个体偏好和行动的形成过程进行了理论分析,总结了在各类特定环境下偏好与行动的交互演化规律,并进行了理论论证。

（4）调查了社会网络下不确定舆情与离散行动演化的规律[198,200]。通过建立社会网络不确定舆情与离散行动演化模型,调查了随机网络结构、边界信任及意见和行动阈值,对终止时刻每种行动的个体的最终比例和总变化率的影响。

创新性研究成果如下:

（1）社会网络下不确定 DeGroot 舆情演化的结论。

①当意见领袖的集合为非空集合时,社会网络上所有的意见领袖都是稳定

个体,且能够形成意见领袖的共识。当共识意见的左边等于右边时,意见领袖形成精确共识,否则形成区间共识。同时,意见领袖的共识意见能够用所有意见领袖的初始意见的线性组合来表示(见定理1)。

②若意见领袖的共识意见是区间意见,且精确偏好随众的集合非空,那么波动意见个体的集合为精确偏好随众的集合及信任精确偏好随众的不确定容忍随众的集合的并集;否则,波动个体的集合为空集(见定理2)。

③当且仅当社会网络上意见领袖的集合非空时,所有的稳定个体能够达成共识。同时,稳定个体的共识意见能够用社会网络上所有意见领袖的初始意见的线性组合来表示(见定理3)。

④当社会网络中意见领袖的集合非空时,在经历足够长时间的舆情演化后,波动个体的意见在意见领袖的共识意见范围内波动,且波动个体的意见宽度保持不变(见定理4)。

(2)社会网络不确定HK舆情演化的结论。

①理论论证表明:当所有的个体都是不确定容忍个体时,那么随着时间的增加,表达区间意见的个体的比例不可能减少,甚至会增加(见定理5)。当所有的个体都是精确偏好个体时,那么随着时间的增加,表达区间意见的个体的比例不可能增加,甚至会减少(见定理6)。区间意见平均宽度总是小于初始时刻所有个体意见的最大意见宽度(见定理7)。

②随机网络结构对不确定HK舆情演化的影响实验结果总结如下:

a.越大的网络群体规模趋向于在稳定时刻越小区间意见比例和越大的区间意见平均宽度。

b.随着网络连接概率的增加,平均稳定时间先增加后减少。

c.越大的网络连接概率趋向于在稳定时刻越少的聚类数量和越小的极小类比例。此外,仿真实验表明ER随机网络、WS小世界网络和BA无标度网络这3种网络对不确定舆情演化有着非常显著的影响。

(3)基于意见领袖的偏好与行动交互演化的结论。

①当社会网络中存在意见领袖时,若个体对彼此的估计偏好都是准确的,

那么在偏好与行动交互演化的最后阶段,所有个体都是稳定个体。并且群体能够形成一个共识偏好和一致的行动,共识偏好可以通过社会网络中意见领袖的初始偏好的线性组合来确定。当社会网络中不存在意见领袖时,若个体对彼此的估计偏好都是准确的,那么在偏好与行动交互演化的最后阶段,所有子网个体都是稳定个体。并且群体能够在子网中形成一个共识偏好和一致的行动,共识偏好可以通过子网中意见领袖的初始偏好的线性组合来确定(见命题1和命题4)。

②当社会网络中存在意见领袖时,若偏好估计误差半径的收敛系数不为1,则所有个体在偏好与行动的交互演化最后阶段都是稳定个体,群体能够形成一个共识和一致的行动。当个体间偏好估计误差半径收敛为0时,共识偏好由此时意见领袖的偏好所决定。当社会网络中不存在意见领袖时,若偏好估计误差半径的收敛系数不为1,则子网中所有个体在偏好与行动的交互演化最后阶段都是稳定个体,子网中的群体能够在子网中形成一个共识和一致的行动。当子网个体间偏好估计误差半径收敛为0时,共识偏好由此时子网中意见领袖的偏好所决定(见命题2和命题5)。

③在社会网络中,无论意见领袖是否存在,若所有个体都无法准确估计出其他个体的真实偏好,则所有个体都是波动个体(见命题3、命题6和命题7)。

④当个体彼此难以准确估计彼此偏好时,个体间的偏好也难以形成共识并稳定,但因个体能够观察到彼此的行动,可以推测出彼此真实偏好是否超出阈值,个体的偏好仅需向固定区间进行演化,使得行动更易达成稳定状态。当个体自信任程度较大时,自身偏好在每一次演化过程中的变化较小,群体偏好形成稳定所需的时间和行动一致所需的时间都会增多。

(4)社会网络下不确定舆情与离散行动演化的结论。

①在社会网络中:a. 若网络没有连接,且个体的边界信任值,始终小于两种行动的意见分布宽度的最小值时,那么终止时刻,每种行动的个体的最终比例的平均值与初始时刻保持不变,每种行动的个体的总变化率的平均值为零;

b. 社会网络连接较少时, 离散行动值对在边界信任范围内信任离散行动值的个体的意见改变, 有着非常强烈的引导作用, 从而产生更多的极端意见; c. 边界信任较小时, 随着网络连接概率的增加, 行动为不支持的个体的平均最终比例和平均总变化率先减少后增加, 而行动为支持的个体的平均最终比例和平均总变化率的变化趋势则正好相反; d. 网络上个体的规模对不确定舆情和离散行动演化的影响不明显。

②边界信任与意见和行动阈值对不确定舆情的影响如下: a. 随着意见和行动阈值的增加, 个体由非常冒进趋向于越来越保守, 从而使得展现行动为不支持的个体逐渐增多, 而展现行动为支持的个体则逐渐减小; b. 当边界信任非常大时, 随着意见和行动阈值的增加, 行动为不支持的个体的总变化率逐渐减小, 而行动为支持的个体的总变化率逐渐增加; c. 当意见和行动阈值非常小, 个体比较冒进时, 较大的边界信任反而会使得越多初始时刻展现行动为支持的个体改变其行动, 在终止时刻展现行动为不支持。反之, 当意见和行动阈值非常大, 个体比较保守时, 越大的边界信任使得更多初始时刻展现行动为不支持的个体转变其行动, 在终止时刻展现行动为支持。

# 6.2　未来研究展望

本书对社会网络下不确定舆情演化的研究虽取得了一些非常有意义的结果, 但仍然存在一些需要进一步深入探讨和研究的问题:

(1)在以往的舆情演化研究中, 往往假定个体表达的意见是诚实的。然而, 在现实生活中, 存在一些个体, 他们隐藏自身的真实意见, 面对不同的个体会表达不同意见。因此, 考虑带有谎言交互和社会网络的不确定舆情的演化是个非常有趣的且非常有意义的未来研究主题。

(2)在舆情演化中, 意见的表达类型除了数值格式的意见外, 还有语言格式的意见等。不同个性特征的个体在表达对某个事件或问题的意见时, 往往会采用不同类型的意见表达格式,而以往的研究都只研究了单一意见表达格式的舆情演化,因此研究混合意见表达格式的意见演化也是未来研究的一个方向。

(3)在现实的网络热点舆情事件中,明星、大 V、知名网媒等对舆情事件的传播和演化起到了非常重要的推动作用[151-154],利益受损者借助"水军"等绑架舆论[111,155,156],部分不良媒体营销人攻击、诋毁、炒作操纵舆情,消费社会公信力,博人眼球赚取利益,这严重地扭曲了网络舆情所代表的正常民意。因此积极研究有影响力的传播者和"水军"对网络舆情的干预与操纵的影响,形成反操纵和反干预策略是一个有趣的且非常有意义的未来研究主题。

(4)研究舆情形成和演化的相关规律是政府等舆情管理部门理解舆情演化并有效管控舆情的理论基础,但这是远远不够的。在现实生活中仅仅知晓舆情演化规律,对舆情进行被动的跟踪监控显然已经不能满足大数据背景下多元化、大规模的网络舆情事件的应对需求,把从监控网络舆情,发展到舆情预警和预测,同时基于不同的网络舆情引导策略,优化网络舆情干预成本,以最少的干预和成本来引导和管理网络舆情是未来网络舆情研究的重要方向。

(5)以往的舆情研究大多采用理论分析和仿真实验分析的方式,而现实生活中的网络舆情管理重在实践。因此,利用真实的网络数据和舆情数据建立数据驱动的舆情演化模型来探究舆情演化的相关发展规律及预警预测模式,这既是舆情研究的重点和难点,更是未来网络舆情研究需要突破的重要方向。

(6)将网络舆情演化理论研究的相关研究成果进一步扩展到舆情的应用层面,如市场的产品口碑与广告营销、大数据推荐系统、政治选举、群决策沟通与谈判等[190-201],让网络舆情的研究更加丰富多彩,并在实践中展现更大的应用价值。

# 参考文献

[1] 刘怡君,牛文元. 舆论形成及其演化的机理建模分析[J]. 科学对社会的影响,2009(3):10-14.

[2] 王光辉,刘怡君. 网络舆论危机事件的蔓延扩散效应研究[J]. 中国管理科学,2015,23(7):119-126

[3] 姜景,张立超,刘怡君. 基于系统动力学的突发公共事件微博舆论场实证研究[J]. 系统管理学报,2016,25(5):868-873.

[4] 王光辉,刘怡君,迟钰雪. 舆论危机的异化极化效应研究[J]. 管理科学学报,2017,20(3):148-160.

[5] 查乙. 网络舆论场模型应用及路径干预研究:兼论涉渝舆论场建设[D]. 重庆:重庆师范大学,2014.

[6] 吴勇军,郭雪颖. 网络舆论场的建构与干预[J]. 网络传播,2012(11):2.

[7] 张煜莹. 中国网络舆情危机事件属性研究[D]. 长沙:湖南大学,2017.

[8] 贺君倩. 论网络舆情的政府引导[D]. 长沙:湖南师范大学,2017.

[9] 李盈. 微信社群舆情传播研究[D]. 长沙:湖南大学,2018.

[10] J R French. A formal theory of social power[J]. Psychological Review,1956,63(3):181-194.

[11] DEGROOT M H. Reaching a consensus [J]. Journal of the American Statistical Association,1974,69(345):118-121.

[12] BERGER R L. A necessary and sufficient condition for reaching a consensus using DeGroot's method[J]. Journal of the American Statistical Association,

1981, 76(374): 415-418.

[13] DONG Y C, DING Z G, MARTÍNEZ L, et al. Managing consensus based on leadership in opinion dynamics[J]. Information Sciences, 2017, 397-398: 187-205.

[14] HOLLEY R A, LIGGETT T M. Ergodic theorems for weakly interacting infinite systems and the voter model[J]. The Annals of Probability, 1975, 3 (4): 643-663.

[15] PRESUTTI E, SPOHN H. Hydrodynamics of the voter model[J]. The Annals of Probability, 1983, 11(4): 867-875.

[16] COX J T. Coalescing random walks and voter model consensus times on the torus in Zd[J]. The Annals of Probability, 1989, 17(4): 1333-1366.

[17] BEN-NAIM E, FRACHEBOURG L, KRAPIVSKY P L. Coarsening and persistence in the voter model [J]. Physical Review E, 1996, 53 (4): 3078-3087.

[18] DURRETT R, GLEESON J P, LLOYD A L, et al. Graph fission in an evolving voter model[J]. Proceedings of the National Academy of Sciences of the United States of America, 2012, 109(10): 3682-3687.

[19] SALIMI F, KARAN N, CHAKRABORTY S. Dynamics of a repulsive voter model[J]. IEEE Transactions on Computational Social Systems, 2016, 3 (1): 13-22.

[20] BASU R, SLY A. Evolving voter model on dense random graphs[J]. The Annals of Applied Probability, 2017, 27(2): 1235-1288.

[21] SZNAJD-WERON K, SZNAJD J. Opinion evolution in closed community[J]. International Journal of Modern Physics C, 2000, 11(6): 1157-1165.

[22] SLANINA F, LAVICKA H. Analytical results for the Sznajd model of opinion formation [J]. The European Physical Journal B-Condensed Matter and

Complex Systems, 2003, 35(2): 279-288.

[23] GALAM S. Minority opinion spreading in random geometry[J]. The European Physical Journal B-Condensed Matter and Complex Systems, 2002, 25(4): 403-406.

[24] KRAPIVSKY P L, REDNER S. Dynamics of majority rule in two-state interacting spin systems[J]. Physical Review Letters, 2003, 90(23): 238701.

[25] TESSONE C J, TORAL R, AMENGUAL P, et al. Neighborhood models of minority opinion spreading[J]. The European Physical Journal B-Condensed Matter and Complex Systems, 2004, 39(4): 535-544.

[26] FRIEDKIN N E, JOHNSEN E C. Social influence and opinions[J]. The Journal of Mathematical Sociology, 1990, 15(3/4): 193-206.

[27] FRIEDKIN N E, JOHNSEN E C. Social Influence Network Theory[M]. Cambridge, UK: Cambridge University Press, 2011.

[28] FRIEDKIN N E, PROSKURNIKOV A V, TEMPO R, et al. Network science on belief system dynamics under logic constraints[J]. Science, 2016, 354(6310): 321-326.

[29] DEFFUANT G, NEAU D, AMBLARD F, et al. Mixing beliefs among interacting agents[J]. Advances in Complex Systems, 2000, 3(1n04): 87-98.

[30] DITTMER J C. Consensus formation under bounded confidence[J]. Nonlinear Analysis: Theory, Methods & Applications, 2001, 47(7): 4615-4621.

[31] WEISBUCH G, DEFFUANT G, AMBLARD F, et al. Meet, discuss, and segregate! [J]. Complexity, 2002, 7(3): 55-63.

[32] HEGSELMANN R, KRAUSE U. Opinion dynamics and bounded confidence: Models, analysis and simulation[J]. Journal of Artificial Societies & Social

Simulation, 2002, 5(3):2.

[33] LORENZ, J. Continuous opinion dynamics under bounded confidence: A survey[J]. International Journal of Modern Physics C, 2007, 18 (12): 1819-1838.

[34] LORENZ J. Heterogeneous bounds of confidence: Meet, discuss and find consensus! [J]. Complexity, 2010, 15(4): 43-52.

[35] KOU G, ZHAO Y Y, PENG Y, et al. Multi-level opinion dynamics under bounded confidence[J]. PLoS One, 2012, 7(9): e43507.

[36] MARTINS A C R. Continuous opinions and discrete actions in opinion dynamics problems[J]. International Journal of Modern Physics C, 2008, 19 (4): 617-624.

[37] MARTINS A C R. A middle option for choices in the continuous opinions and discrete actions model[J]. Advances and Applications in Statistical Sciences, 2010, 2(2):333-345.

[38] MARTINS A C R. Bayesian updating rules in continuous opinion dynamics models[J]. Journal of Statistical Mechanics: Theory and Experiment, 2008, 2009(2): 57-75.

[39] MARTINS A C R. Discrete opinion models as a limit case of the CODA model [J]. Physica A: Statistical Mechanics and Its Applications, 2014, 395: 352-357.

[40] SUN R Y, MENDEZ D. An application of the Continuous Opinions and Discrete Actions (CODA) model to adolescent smoking initiation[J]. PLoS One, 2017, 12(10): e0186163.

[41] BUTTS C T. Why I know but don't believe[J]. Science, 2016, 354 (6310): 286-287.

[42] BIMPIKIS K, OZDAGLAR A, YILDIZ E. Competitive targeted advertising

over networks[J]. Operations Research, 2016, 64(3): 705-720.

[43] FRIEDKIN N E, BULLO F. How truth wins in opinion dynamics along issue sequences[J]. Proceedings of the National Academy of Sciences of the United States of America, 2017, 114(43): 11380-11385.

[44] DONG Y C, ZHAN M, KOU G, et al. A survey on the fusion process in opinion dynamics[J]. Information Fusion, 2018, 43: 57-65.

[45] HERRERA-VIEDMA E, CABRERIZO F J, KACPRZYK J, et al. A review of soft consensus models in a fuzzy environment[J]. Information Fusion, 2014, 17: 4-13.

[46] SÎRBU A, LORETO V, SERVEDIO V D P, et al. Opinion dynamics: Models, extensions and external effects [M] // Participatory Sensing, Opinions and Collective Awareness. Cham: Springer, 2017: 363-401.

[47] DONG Y C, ZHA Q B, ZHANG H J, et al. Consensus reaching in social network group decision making: Research paradigms and challenges [J]. Knowledge-Based Systems, 2018, 162: 3-13.

[48] UREÑA R, KOU G, DONG Y C, et al. A review on trust propagation and opinion dynamics in social networks and group decision making frameworks [J]. Information Sciences, 2019, 478: 461-475.

[49] CHEN X, ZHANG H J, DONG Y C. The fusion process with heterogeneous preference structures in group decision making: A survey [J]. Information Fusion, 2015, 24: 72-83.

[50] LIU B S, SHEN Y H, ZHANG W, et al. An interval-valued intuitionistic fuzzy principal component analysis model-based method for complex multi-attribute large-group decision-making [J]. European Journal of Operational Research, 2015, 245(1): 209-225.

[51] WU J, XIONG R Y, CHICLANA F. Uninorm trust propagation and

aggregation methods for group decision making in social network with four tuple information[J]. Knowledge-Based Systems, 2016, 96: 29-39.

[52] ZHANG H J, DONG Y C, CHEN X. The 2-rank consensus reaching model in the multigranular linguistic multiple-attribute group decision-making [J]. IEEE Transactions on Systems, Man, and Cybernetics: Systems, 2018, 48 (12): 2080-2094.

[53] ZHANG H J, DONG Y C, HERRERA-VIEDMA E. Consensus building for the heterogeneous large-scale GDM with the individual concerns and satisfactions[J]. IEEE Transactions on Fuzzy Systems, 2018, 26 (2): 884-898.

[54] WU T, LIU X W, LIU F. An interval type-2 fuzzy TOPSIS model for large scale group decision making problems with social network information[J]. Information Sciences, 2018, 432: 392-410.

[55] LI C C, DONG Y C, HERRERA F. A consensus model for large-scale linguistic group decision making with a feedback recommendation based on clustered personalized individual semantics and opposing consensus groups [J]. IEEE Transactions on Fuzzy Systems, 2019, 27(2): 221-233.

[56] ZHANG H J, DONG Y C, CHICLANA F, et al. Consensus efficiency in group decision making: A comprehensive comparative study and its optimal design[J]. European Journal of Operational Research, 2019, 275 (2): 580-598.

[57] ZHANG B W, DONG Y C, HERRERA-VIEDMA E. Group decision making with heterogeneous preference structures: An automatic mechanism to support consensus reaching[J]. Group Decision and Negotiation, 2019, 28 (3): 585-617.

[58] ZHANG H H, KOU G, PENG Y. Soft consensus cost models for group

decision making and economic interpretations [J]. European Journal of Operational Research, 2019, 277(3): 964-980.

[59] LIU Y T, DONG Y C, LIANG H M, et al. Multiple attribute strategic weight manipulation with minimum cost in a group decision making context with interval attribute weights information [J]. IEEE Transactions on Systems, Man, and Cybernetics: Systems, 2019, 49(10): 1981-1992.

[60] BARABASI A L, ALBERT R. Emergence of scaling in random networks[J]. Science, 1999, 286(5439): 509-512.

[61] ERDŌS P, RÉNYI A. On the evolution of random graphs[J]. Publications of the Mathematical Institute of the Hungarian Academy of Sciences, 1960, 5 (1): 17-60.

[62] NEWMAN M E J, WATTS D J. Renormalization group analysis of the small-world network model[J]. Physics Letters A, 1999, 263(4/5/6): 341-346.

[63] BARRIO R A, GOVEZENSKY T, DUNBAR R, et al. Dynamics of deceptive interactions in social networks[J]. Journal of the Royal Society, Interface, 2015, 12(112): 20150798.

[64] BOCCALETTI S, LATORA V, MORENO Y, et al. Complex networks: Structure and dynamics[J]. Physics Reports, 2006, 424(4/5): 175-308.

[65] LIU Y J, LI Q Q, TANG X Y, et al. Superedge prediction: What opinions will be mined based on an opinion supernetwork model? [J]. Decision Support Systems, 2014, 64: 118-129.

[66] ZHAN M, LIANG H M, KOU G, et al. Impact of social network structures on uncertain opinion formation[J]. IEEE Transactions on Computational Social Systems, 2019, 6(4): 670-679.

[67] ZHAN M, LIANG H M, DING Z G, et al. Uncertain opinion evolution with bounded confidence effects in social networks[J]. Journal of Systems Science

and Systems Engineering, 2019, 28(4): 494-509.

[68] 李丹丹, 马静. 双层社会网络上的舆情传播动力学分析[J]. 系统工程理论与实践, 2017, 37(10): 2672-2679.

[69] 沈乾, 刘怡君. 多层同步网络在舆情仿真研究中的应用[J]. 系统工程理论与实践, 2017, 37(1):9.

[70] PINEDA M, TORAL R, HERNÁNDEZ-GARCÍA E. The noisy Hegselmann-Krause model for opinion dynamics[J]. The European Physical Journal B, 2013, 86(12): 490.

[71] CARRO A, TORAL R, SAN MIGUEL M. The noisy voter model on complex networks[J]. Scientific Reports, 2016, 6: 24775.

[72] ZHAO Y Y, ZHANG L B, TANG M F, et al. Bounded confidence opinion dynamics with opinion leaders and environmental noises[J]. Computers & Operations Research, 2016, 74: 205-213.

[73] CASTELLANO C, FORTUNATO S, LORETO V. Statistical physics of social dynamics[J]. Reviews of Modern Physics, 2009, 81(2): 591-646.

[74] LORENZ J. Continuous opinion dynamics: insights through interactive markov chains[C] //IASTED International Conference on Modelling, Simulation, and Optimization. 2005.

[75] LORENZ J. Fixed Continuous opinion dynamics: Insights through mteractive markov chains[J]. arXiv preprint arXiv:078. 3293,2007.

[76] LORENZ J. Fixed points in models of continuous opinion dynamics under bounded confidence[EB/OL]. 2008: arXiv: 0806. 1587.

[77] FORTUNATO, SANTO. Universality of the Threshold for Complete Consensus for the Opinion Dynamics of Deffuant et al [J]. International Journal of Modern Physics C, 2004, 15(9):1301-1307.

[78] LORENZ J. A stabilization theorem for dynamics of continuous opinions[J].

Physica A: Statistical Mechanics and Its Applications, 2005, 355 (1): 217-223.

[79] BHATTACHARYYA A, BRAVERMAN M, CHAZELLE B, et al. On the convergence of the Hegselmann-Krause system[C]// Proceedings of the 4th conference on Innovations in Theoretical Computer Science. Berkeley California USA. ACM, 2013.

[80] WEDIN E, HEGARTY P. A quadratic lower bound for the convergence rate in the one-dimensional hegselmann-krause bounded confidence dynamics[J]. Discrete & Computational Geometry, 2015, 53(2): 478-486.

[81] CLIFFORD P, SUDBURY A. A model for spatial conflict[J]. Biometrika, 1973, 60(3): 581-588.

[82] SODA G, ZAHEER A. A network perspective on organizational architecture: Performance effects of the interplay of formal and informal organization[J]. Strategic Management Journal, 2012, 33(6): 751-771.

[83] HUANG D W, YU Z G. Dynamic-Sensitive centrality of nodes in temporal networks[J]. Scientific Reports, 2017, 7: 41454.

[84] XU S, WANG P, LÜ J H. Iterative neighbour-information gathering for ranking nodes in complex networks[J]. Scientific Reports, 2017, 7: 41321.

[85] IÑIGUEZ G, KERTÉSZ J, KASKI K K, et al. Opinion and community formation in coevolving networks[J]. Physical Review E, 2009, 80(6):066119.

[86] FRACHEBOURG L, KRAPIVSKY P L. Exact results for kinetics of catalytic reactions[J]. Physical Review E, 1996, 53(4): R3009-R3012.

[87] SCHNEIDER-MIZELL C M, SANDER L M. A generalized voter model on complex networks[J]. Journal of Statistical Physics, 2009, 136(1): 59-71.

[88] PALOMBI F, TOTI S. Stochastic dynamics of the multi-state voter model over

a network based on interacting cliques and Zealot candidates[J]. Journal of Statistical Physics, 2014, 156(2): 336-367.

[89] CASTELLANO C, MARSILI M, VESPIGNANI A. Nonequilibrium phase transition in a model for social influence[J]. Physical Review Letters, 2000, 85(16): 3536-3539.

[90] CASTELLANO C, VILONE D, VESPIGNANI A. Incomplete ordering of the voter model on small-world networks[J]. Europhysics Letters (EPL), 2003, 63(1): 153-158.

[91] VILONE D, CASTELLANO C. Solution of voter model dynamics on annealed small-world networks[J]. Physical Review E, 2004, 69: 016109.

[92] SOOD V, REDNER S. Voter model on heterogeneous graphs[J]. Physical Review Letters, 2005, 94(17): 178701.

[93] ZSCHALER G, BÖHME G A, SEIßINGER M, et al. Early fragmentation in the adaptive voter model on directed networks [J]. Physical Review E, Statistical, Nonlinear, and Soft Matter Physics, 2012, 85(4): 046107.

[94] DIAKONOVA M, NICOSIA V, LATORA V, et al. Irreducibility of multilayer network dynamics: The case of the voter model[J]. New Journal of Physics, 2016, 18(2): 023010.

[95] ZHONG L X, XU W J, CHEN R D, et al. A generalized voter model with time-decaying memory on a multilayer network[J]. Physica A: Statistical Mechanics and Its Applications, 2016, 458: 95-105.

[96] CHEN P, REDNER S. Majority rule dynamics in finite dimensions [J]. Physical Review E, 2005, 71(3): 036101.

[97] LAMBIOTTE R. Majority rule on heterogeneous networks [J]. Journal of Physics A: Mathematical and Theoretical, 2008, 41(22): 224021.

[98] LANCHIER N, NEUFER J. Stochastic dynamics on hypergraphs and the

spatial majority rule model[J]. Journal of Statistical Physics, 2013, 151(1): 21-45.

[99] STAUFFER D. Sociophysics: The Sznajd model and its applications[J]. Computer Physics Communications, 2002, 146(1): 93-98.

[100] RODRIGUES F A, DA F COSTA L. Surviving opinions in sznajd models on complex networks[J]. International Journal of Modern Physics C, 2005, 16 (11): 1785-1792.

[101] ELGAZZAR A S. Application of the sznajd sociophysics model to small-world networks[J]. International Journal of Modern Physics C, 2001, 12(10): 1537-1544.

[102] BERNARDES A T, STAUFFER D, KERTÉSZ J. Election results and the Sznajd model on Barabasi network[J]. The European Physical Journal B-Condensed Matter and Complex Systems, 2002, 25(1): 123-127.

[103] KANDIAH V, SHEPELYANSKY D L. PageRank model of opinion formation on social networks [J]. Physica A: Statistical Mechanics and Its Applications, 2012, 391(22): 5779-5793.

[104] CHAKHMAKHCHYAN L, SHEPELYANSKY D. PageRank model of opinion formation on Ulam networks [J]. Physics Letters A, 2013, 377 (43): 3119-3123.

[105] EOM Y H, SHEPELYANSKY D L. Opinion formation driven by PageRank node influence on directed networks[J]. Physica A: Statistical Mechanics and Its Applications, 2015, 436: 707-715.

[106] COLAIORI F, CASTELLANO C. Interplay between media and social influence in the collective behavior of opinion dynamics[J]. Physical Review E, Statistical, Nonlinear, and Soft Matter Physics, 2015, 92(4): 042815.

[107] LEE D S, CHANG C S, LIU Y. Consensus and polarization of binary

opinions in structurally balanced networks [J]. IEEE Transactions on Computational Social Systems, 2016, 3(4): 141-150.

[108] LI Q Q, LIU Y J, TIAN R Y, et al. Opinion dynamics on triad scale free network [M]// Active Media Technology. Berlin, Heidelberg: Springer Berlin Heidelberg, 2012: 445-450.

[109] LIU Y J, LI Q Q, TANG X Y, et al. Superedge prediction: What opinions will be mined based on an opinion supernetwork model? [J]. Decision Support Systems, 2014, 64: 118-129.

[110] DEFFUANTG G, Comparing extremism propagation patterns in continuous opinion models, Journal of Artificial Societies and Social Simulation, 2006, 9 (3): 1460-7425.

[111] ASKARISICHANI O, JALILI M. Influence maximization of informed agents in social networks[J]. Applied Mathematics and Computation, 2015, 254: 229-239.

[112] KURMYSHEV E, JUÁREZ H A, GONZÁLEZ-SILVA R A. Dynamics of bounded confidence opinion in heterogeneous social networks: Concord against partial antagonism [J]. Physica A: Statistical Mechanics and Its Applications, 2011, 390(16): 2945-2955.

[113] STAUFFER D, MEYER-ORTMANNS H. Simulation of consensus model of deffuant et al. on a barabási-albert network [J]. International Journal of Modern Physics C, 2004, 15(2): 241-246.

[114] WEISBUCH G. Bounded confidence and social networks[J]. The European Physical Journal B, 2004, 38(2): 339-343.

[115] JALILI M. Social power and opinion formation in complex networks[J]. Physica A: Statistical Mechanics and Its Applications, 2013, 392 (4): 959-966.

[116] QUATTROCIOCCHI W, CALDARELLI G, SCALA A. Opinion dynamics on interacting networks: Media competition and social influence[J]. Scientific Reports, 2014, 4: 4938.

[117] FORTUNATO S. Damage spreading and opinion dynamics on scale-free networks[J]. Physica A: Statistical Mechanics and Its Applications, 2005, 348: 683-690.

[118] MIRTABATABAEI A, BULLO F. On opinion dynamics in heterogeneous networks[C] //Proceedings of the 2011 American Control Conference. San Francisco, CA, USA. IEEE, 2011: 2807-2812.

[119] ZOLLMAN K J. Social network structure and the achievement of consensus [J]. Politics, Philosophy & Economics, 2012, 11(1): 26-44.

[120] HAN H W, QIANG C C, WANG C Y, et al. Soft-control for collective opinion of weighted DeGroot model[J]. Journal of Systems Science and Complexity, 2017, 30(3): 550-567.

[121] JIA P, MIRTABATABAEI A, FRIEDKIN N E, et al. Opinion dynamics and the evolution of social power in influence networks[J]. SIAM Review, 2015, 57(3): 367-397.

[122] SONG X, ZHANG S Y, QIAN L D. Opinion dynamics in networked command and control organizations[J]. Physica A: Statistical Mechanics and Its Applications, 2013, 392(20): 5206-5217.

[123] KOULOURIS A, KATERELOS I, TSEKERIS T. Multi-equilibria regulation agent-based model of opinion dynamics in social networks [J]. Interdisciplinary Description of Complex Systems, 2013, 11(1): 51-70.

[124] RIGHI S, CARLETTI T. The influence of social network topology in a opinion dynamics model[C] //European Conference on Complex Systems. GBR, 2009.

[125] SONG X, SHI W, MA Y F, et al. Impact of informal networks on opinion dynamics in hierarchically formal organization [J]. Physica A: Statistical Mechanics and Its Applications, 2015, 436: 916-924.

[126] WANG L X, MENDEL J M. Fuzzy opinion networks: A mathematical framework for the evolution of opinions and their uncertainties across social networks [J]. IEEE Transactions on Fuzzy Systems, 2016, 24 (4): 880-905.

[127] EDMONDS B. Assessing the safety of (numerical) representation in social simulation [C]//3rd European Social Simulation A ssociation conference (ESSA), 2005: 195-214.

[128] PINEDA M, TORAL R, HERNÁNDEZ-GARCÍA E. Noisy continuous-opinion dynamics [J]. Journal of Statistical Mechanics: Theory and Experiment, 2009, 2009(8): P08001.

[129] CARRO A, TORAL R, SAN MIGUEL M. The role of noise and initial conditions in the asymptotic solution of a bounded confidence, continuous-opinion model[J]. Journal of Statistical Physics, 2013, 151(1): 131-149.

[130] SU W, CHEN G, HONG Y G. Noise leads to quasi-consensus of Hegselmann-Krause opinion dynamics[J]. Automatica, 2017, 85: 448-454.

[131] WANG C, LI Q X, E W, et al. Noisy hegselmann-krause systems: Phase transition and the 2R-conjecture[J]. Journal of Statistical Physics, 2017, 166(5): 1209-1225.

[132] CHAZELLE B, JIU Q S, LI Q X, et al. Well-posedness of the limiting equation of a noisy consensus model in opinion dynamics [J]. Journal of Differential Equations, 2017, 263(1): 365-397.

[133] DONG Y C, CHEN X, LIANG H M, et al. Dynamics of linguistic opinion formation in bounded confidence model[J]. Information Fusion, 2016, 32:

52-61.

[134] LIANG H M, DONG Y C, LI C C. Dynamics of uncertain opinion formation: An agent-based simulation [J]. Journal of Artificial Societies and Social Simulation, 2016, 19(4):18564.

[135] MARTINS A C R. Mobility and social network effects on extremist opinions [J]. Physical Review E, 2008, 78(3): 036104.

[136] MARTINS A C R, KUBA C D. The importance of disagreeing: Contrarians and extremism in the coda model[J]. Advances in Complex Systems, 2010, 13(5): 621-634.

[137] MARTINS A C R, GALAM S. Building up of individual inflexibility in opinion dynamics[J]. Physical Review E, Statistical, Nonlinear, and Soft Matter Physics, 2013, 87(4): 042807.

[138] MARTINS A C R. Trust in the CODA model: Opinion dynamics and the reliability of other agents [J]. Physics Letters A, 2013, 377 (37): 2333-2339.

[139] JIA P, MIRTABATABAEI A, FRIEDKIN N E, et al. Opinion dynamics and the evolution of social power in influence networks [J]. SIAM Review, 2015, 57(3): 367-397.

[140] DONG Y C, DING Z G, CHICLANA F, et al. Dynamics of public opinions in an online and offline social network[J]. IEEE Transactions on Big Data, 2021, 7(4): 610-618.

[141] DING Z G, DONG Y C, LIANG H M, et al. Asynchronous opinion dynamics with online and offline interactions in bounded confidence model[J]. JASSS-The Journal of Artificial Societies and Social Simulation, 2017, 20(4): 6.

[142] LAGUNA M F, ABRAMSON G, ZANETTE D H. Vector opinion dynamics in a model for social influence[J]. Physica A: Statistical Mechanics and Its

Applications, 2003, 329(3/4): 459-472.

[143] JACOBMEIER D. Multidimensional consensus model on a barabási-albert network[J]. International Journal of Modern Physics C, 2005, 16(4): 633-646.

[144] DEFFUANT G, AMBLARD F, WEISBUCH G, et al. How can extremism prevail? A study based on the relative agreement interaction model[J]. Journal of Artificial Societies and Social Simulation, 2002, 5(4): 1.

[145] FORTUNATO S, LATORA V, PLUCHINO A, et al. Vector opinion dynamics in a bounded confidence consensus model[J]. International Journal of Modern Physics C, 2005, 16(10): 1535-1551.

[146] LORENZ J. Continuous opinion dynamics of multidimensional allocation problems under bounded confidence: More dimensions lead to better chances for consensus[J]. European Journal of Economic and Social Systems, 2006, 19(2): 213-227.

[147] HUET S, DEFFUANT G, JAGER W. A rejection mechanism in 2d bounded confidence provides more conformity[J]. Advances in Complex Systems, 2008, 11(4): 529-549.

[148] ETESAMI S R, BAŞAR T. Game-theoretic analysis of the Hegselmann-Krause model for opinion dynamics in finite dimensions[J]. IEEE Transactions on Automatic Control, 2015, 60(7): 1886-1897.

[149] WAAGEN A, VERMA G, CHAN K, et al. Effect of Zealotry in high-dimensional opinion dynamics models[J]. Physical Review E, Statistical, Nonlinear, and Soft Matter Physics, 2015, 91(2): 022811.

[150] STAMOULAS S T, RATHINAM M. Convergence and stability analysis for multidimensional opinion dynamics in continuous time[J]. Mathematics, 2015.

［151］KATZ E, LAZARSFELD P F. Personal influence：the part played by people in the flow of mass communications［M］. New York：Free Press,1955.

［152］ROCH C H. The dual roots of opinion leadership［J］. The Journal of Politics, 2005, 67(1)：110-131.

［153］ESTRADA E, VARGAS-ESTRADA E. How peer pressure shapes consensus, leadership and innovations in social groups［J］. Scientific Reports, 2013, 3：2905.

［154］CHEN S W, GLASS D H, MCCARTNEY M. Characteristics of successful opinion leaders in a bounded confidence model［J］. Physica A：Statistical Mechanics and Its Applications, 2016, 449：426-436.

［155］AFSHAR M, ASADPOUR M. Opinion formation by informed agents［J］. Journal of Artificial Societies and Social Simulation, 2010, 13(13)：5.

［156］FAN K Q, PEDRYCZ W. Opinion evolution influenced by informed agents［J］. Physica A：Statistical Mechanics and Its Applications, 2016, 462：431-441.

［157］GALAM S, JACOBS F. The role of inflexible minorities in the breaking of democratic opinion dynamics［J］. Physica A：Statistical Mechanics and Its Applications, 2007, 381：366-376.

［158］YILDIZ E, OZDAGLAR A, ACEMOGLU D, et al. Binary opinion dynamics with stubborn agents［J］. ACM Transactions on Economics and Computation, 2013, 1(4)：1-30.

［159］CAO W J, ZHANG H G, KOU G, et al. Discrete opinion dynamics in social networks with stubborn agents and limited information［J］. Information Fusion,2024,109：102410.

［160］GHADERI J, SRIKANT R. Opinion dynamics in social networks：A local interaction game with stubborn agents［C］//2013 American Control

Conference. Washington, DC, USA. IEEE, 2013: 1982-1987.

[161] GHADERI J, SRIKANT R. Opinion dynamics in social networks with stubborn agents: Equilibrium and convergence rate[J]. Automatica, 2014, 50(12): 3209-3215.

[162] GALAM S. Contrarian deterministic effects on opinion dynamics: "the hung elections scenario" [J]. Physica A: Statistical Mechanics and Its Applications, 2004, 333: 453-460.

[163] LI Q, BRAUNSTEIN L A, HAVLIN S, et al. Strategy of competition between two groups based on an inflexible contrarian opinion model[J]. Physical Review E, Statistical, Nonlinear, and Soft Matter Physics, 2011, 84(6): 066101.

[164] CROKIDAKIS N, BLANCO V H, ANTENEODO C. Impact of contrarians and intransigents in a kinetic model of opinion dynamics [J]. Physical Review E, Statistical, Nonlinear, and Soft Matter Physics, 2014, 89 (1): 013310.

[165] GAMBARO J P, CROKIDAKIS N. The influence of contrarians in the dynamics of opinion formation[J]. Physica A: Statistical Mechanics and Its Applications, 2017, 486: 465-472.

[166] MOBILIA M. Does a single Zealot affect an infinite group of voters? [J]. Physical Review Letters, 2003, 91(2): 028701.

[167] VERMA G, SWAMI A, CHAN K. The impact of competing Zealots on opinion dynamics [J]. Physica A: Statistical Mechanics and Its Applications, 2014, 395: 310-331.

[168] KLAMSER P P, WIEDERMANN M, DONGES J F, et al. Zealotry effects on opinion dynamics in the adaptive voter model[J]. Physical Review E, 2016, 96(5): 052315.

[169] GONZÁLEZ M C, SOUSA A O, HERRMANN H J. Opinion formation on a deterministic pseudo-fractal network [J]. International Journal of Modern Physics C, 2004, 15(1): 45-57.

[170] BRAVO-MARQUEZ F, GAYO-AVELLO D, MENDOZA M, et al. Opinion dynamics of elections in twitter [C] //2012 Eighth Latin American Web Congress. Cartagena, Colombia. IEEE, 2012: 32-39.

[171] SZNAJD-WERON K, WERON R. How effective is advertising in duopoly markets? [J]. Public Economics, 2003, 324(1):437-444.

[172] SCHULZE C. Advertising in the sznajd marketing model [J]. International Journal of Modern Physics C, 2003, 14(1): 95-98.

[173] INNES C. Quantifying the effect of open-mindedness on opinion dynamics and advertising optimization [J]. Vancouve: Simon Fraser University, 2014.

[174] OSTER E, FEIGEL A. Prices of options as opinion dynamics of the market players with limited social influence [EB/OL]. 2015: arXiv: 1503.08785.

[175] VARMA V S, MORARESCU I C, LASAULCE S, et al. Opinion dynamics aware marketing strategies in duopolies [C] //2017 IEEE 56th Annual Conference on Decision and Control (CDC). Melbourne, VIC, Australia. IEEE, 2017: 3859-3864.

[176] CASTRO J, LU J, ZHANG G Q, et al. Opinion dynamics-based group recommender systems [J]. IEEE Transactions on Systems, Man, and Cybernetics: Systems, 2018, 48(12): 2394-2406.

[177] KOZUKI A T C Y, MAHMASSANI H S. Information acquisition and social interaction mechanisms in opinion formation and market adoption of transportation services [J]. Presented at 88th Annual Meeting of the Transportation Research Board, Washington, D. C., 2009:09-3476.

[178] HASHEMI E, PIRANI M, KHAJEPOUR A, et al. Opinion dynamics-based

vehicle velocity estimation and diagnosis [ J ]. IEEE Transactions on Intelligent Transportation Systems, 2018, 19(7): 2142-2148.

[179] LEPIRA M, INTURRI G, IGNACCOLO M, et al. Simulating opinion dynamics on stakeholders' networks through agent-based modeling for collective transport decisions[J]. Procedia Computer Science, 2015, 52: 884-889.

[180] MCKEOWN G, SHEEHY N. Mass Media and Polarisation Processes in the Bounded Confidence Model of Opinion Dynamics[J]. Journal of Artificial Societies and Social Simulation, The, 2006, 9(1):11.

[181] CROKIDAKIS N. Effects of mass media on opinion spreading in the Sznajd sociophysics model [ J ]. Physica A: Statistical Mechanics and Its Applications, 2012, 391(4): 1729-1734.

[182] WU Y C, LIU S X, YAN K, et al. OpinionFlow: Visual analysis of opinion diffusion on social media [ J ]. IEEE Transactions on Visualization and Computer Graphics, 2014, 20(12): 1763-1772.

[183] PINEDA M, BUENDÍA G M. Mass media and heterogeneous bounds of confidence in continuous opinion dynamics [ J ]. Physica A: Statistical Mechanics and Its Applications, 2015, 420: 73-84.

[184] HEGSELMANN R, KÖNIG S, KURZ S, et al. Optimal opinion control: The campaign problem[J]. Journal of Artificial Societies and Social Simulation, 2015, 18(3):18564.

[185] HAN J, LI M, GUO L. Soft control on collective behavior of a group of autonomous agents by a shill agent[J]. Journal of Systems Science and Complexity, 2006, 19(1): 54-62.

[186] HAN H W, QIANG C C, WANG C Y, et al. Intervention of DeGroot model by soft control [ C ] // 2015 34th Chinese Control Conference ( CCC ).

Hangzhou, China. IEEE, 2015: 1291-1296.

[187] KURZ S. Optimal control of the freezing time in the Hegselmann-Krause dynamics[J]. Journal of Difference Equations and Applications, 2015, 21 (8): 633-648.

[188] DING Z G, LIANG H M, DONG Y C, et al. An opinion control rule with minimum adjustments to support the consensus reaching in bounded confidence model[J]. Procedia Computer Science, 2016, 91: 617-624.

[189] LIU B S, SHEN Y H, ZHANG W, et al. An interval-valued intuitionistic fuzzy principal component analysis model-based method for complex multi-attribute large-group decision-making[J]. European Journal of Operational Research, 2015, 245(1): 209-225.

[190] TAN X, GONG Z W, CHICLANA F, et al. Consensus modeling with cost chance constraint under uncertainty opinions[J]. Applied Soft Computing, 2018, 67: 721-727.

[191] WU T, LIU X W, LIU F. An interval type-2 fuzzy TOPSIS model for large scale group decision making problems with social network information[J]. Information Sciences, 2018, 432: 392-410.

[192] XU Y J, LI K W, WANG H M. Distance-based consensus models for fuzzy and multiplicative preference relations[J]. Information Sciences, 2013, 253: 56-73.

[193] LIU Z H, MA J F, ZENG Y, et al. On the control of opinion dynamics in social networks[J]. Physica A: Statistical Mechanics and Its Applications, 2014, 409: 183-198.

[194] LUO G X, LIU Y, ZENG Q A, et al. A dynamic evolution model of human opinion as affected by advertising[J]. Physica A: Statistical Mechanics and Its Applications, 2014, 414: 254-262.

［195］ LESHEM A，SCAGLIONE A. The impact of random actions on opinion dynamics［J］. IEEE Transactions on Signal and Information Processing Over Networks，2018，4(3)：576-584.

［196］ DONG Y C，FAN Y X，LIANG H M，et al. Preference evolution with deceptive interactions and heterogeneous trust in bounded confidence model：A simulation analysis［J］. Knowledge-Based Systems，2019，33(1)：87-95.

［197］ ZHAN M，SU X W，ZHA Q B，et al. Opinion and action interactive evolution based on social network leadership and opinion estimation of action［J］. IEEE Transactions on Systems，Man，and Cybernetics：Systems，2024，54(2)：1037-1048.

［198］ ZHAN M，KOU G，DONG Y C，et al. Bounded confidence evolution of opinions and actions in social networks［J］. IEEE Transactions on Cybernetics，2022，52(7)：7017-7028.

［199］ DONG Y C，ZHAN M，DING Z G，et al. Numerical interval opinion dynamics in social networks：stable state and consensus［J］. IEEE Transactions on Fuzzy Systems，2021，29(3)：584-598.

［200］ ZHAN M，LIANG H M，ZHU C，et al. Opinions and actions dynamics under bounded confidence［J］. International Journal of Information Technology & Decision Making，2021，20(1)：321-340.

［201］ ZHOU X，GONG G C，ZHA Q B，et al. A robust maximum fairness consensus model with limited cost under the uncertain trust relationships and individual weights［J］. IEEE Transactions on Computational Social Systems，2024，11(6)：7386-7399.